Vegetarische Gerichte

Mit nur 5 Zutaten

garant

Inhaltsverzeichnis

Vorwort

Jetzt ist Minimalismus in der Küche angesagt! Mit nur einer Handvoll Zutaten, ergänzt durch einige Basics, die Sie oftmals schon im Haus haben werden, zaubern Sie mit diesen Rezepten schmackhafte Gerichte. Und das Beste: Alle Rezepte sind vegetarisch oder sogar vegan und bieten dabei den vollen Geschmack! Im Handumdrehen sind die Zutaten vorbereitet und mit wenig Aufwand stehen die Mahlzeiten fertig auf dem Tisch. Vom sommerlich erfrischenden Melonen-Gazpacho über den herbstlichen Hirse-Kürbis-Auflauf bis hin zu Bananen-Haferflocken-Keksen, die Ihnen die kalte Jahreszeit versüßen, schlemmen Sie sich genussvoll durchs Jahr.

Die meisten der hier vorgestellten Rezepte sind schnell und einfach nachzukochen. Denn im hektischen Alltag bleibt für Einkauf und Zubereitung oft nur wenig Zeit. Ein paar wenige Zutaten frisch eingekauft, der Rest kommt einfach aus dem Vorratsschrank, dem Gefrierfach oder frisch geerntet von der Fensterbank. Das schont auch den Geldbeutel! Zudem lassen sich die Rezepte in diesem Buch nach Herzenslust variieren. Und auch für Kochanfänger ist die 5-Zutaten-Küche genau das Richtige: Denn die Zubereitung geht leicht von der Hand – stressfreies Kochen und einfaches Gelingen garantiert!

Genießen Sie leichte Suppen und frische Salate, sättigende Hauptgerichte mit Getreideprodukten, Gemüse und Käse, abwechslungsreiche Ideen mit Tofu, Tempeh und Co. sowie verführerische Desserts und süßes Gebäck. Ob fleischlos glücklich für Vegetarier oder Rezepte ohne Milchprodukte, Eier und Co. für Veganer, ob im Alltag oder für Gäste – hier ist für jeden Geschmack etwas dabei. Viel Spaß beim Nachkochen und Genießen!

Die mit Sternchen* gekennzeichneten Rezeptüberschriften verweisen auf vegane Rezepte.

Einleitung

Dass Kochen nicht kompliziert sein muss, beweist das 5-Zutaten-Prinzip. Die Rezepte sind schnell gemacht, übersichtlich, einfach und unkompliziert. Daher sind sie nicht nur gut für all jene geeignet, die im Alltag nur wenig Zeit haben, sondern auch für Kochneulinge perfekt. Da sie nur mit wenigen Zutaten auskommen, sind die meisten Rezepte zudem unschlagbar günstig. Und weil Sie nur wenige Grundzutaten brauchen, benötigen Sie auch keine langen Einkaufslisten und müssen nicht viel schleppen. Jedes Gericht besteht aus maximal fünf Hauptzutaten. Hinzu kommen Basics wie z. B. Gewürze zum Abschmecken, Essig und Öl für Salate oder Butter und Öl zum Braten oder zum Einfetten von Backformen. Manches haben Sie wahrscheinlich ohnehin vorrätig, anderes wird je nach Bedarf hinzugekauft. Vieles ist zudem gut haltbar, sodass es auch noch fürs nächste Abendessen reicht. So können Sie z. B. Sesam, Rosinen oder Chiliflocken auch gut noch in den nächsten Tagen für ein weiteres Rezept verwenden.

Nützliche Zutaten-Basics

Um mit wenigen Zutaten lecker zu kochen, benötigen Sie nur drei Dinge: gute Produkte, eine gute Vorbereitung und gute Küchengeräte. Benutzen Sie möglichst hochwertige, wenn möglich unbehandelte Lebensmittel. Legen Sie sich alle nötigen Zutaten und Küchenutensilien bereit und lesen Sie das Rezept genau durch, bevor Sie mit dem Kochen loslegen. So gehen die Zubereitungsschritte – je nach Rezept nacheinander oder gleichzeitig – leicht von der Hand.
Vor allem wer gut haltbare Zutaten im Vorratsschrank hat, macht sich das Leben leichter. Legen Sie sich also am besten einige Zutaten als Vorrat zu, überprüfen Sie Ihre Vorräte von Zeit zu Zeit und füllen Sie den Vorratsschrank bei Bedarf wieder

auf. So können Sie einfach und schnell auf häufig benötigte Zutaten zurückgreifen, ohne sich viele Gedanken über den Einkauf machen zu müssen.

Essig, Öl und Gewürze

Basisprodukte, die man immer im Haus haben sollte, sind z. B. verschiedene Sorten von Öl wie z. B. Olivenöl oder Rapsöl (zum Anbraten und für Dressings) sowie unterschiedliche Sorten von Essig wie z. B. Weißweinessig oder Balsamico. Auch ein Vorrat an Gewürzen sollte vorhanden sein. Salz und Pfeffer hat man meist ohnehin im Haus, aber auch Gewürze wie z. B. Paprikapulver, Kreuzkümmel, Currypulver, Zimt oder Cayennepfeffer lohnen eine Anschaffung. Sie bringen Abwechslung in die Küche und sind lange haltbar, sodass sie nicht oft nachgekauft werden müssen. Gleiches gilt auch für Würzsoßen wie z. B. (veganer) Senf, Ketchup und Mayonnaise oder Kräuter zur geschmacklichen Abrundung oder zum Garnieren. Brühepulver sollte man ebenfalls immer parat haben, denn es ist eine häufig verwendete Grundzutat, z. B. für Suppen.

Getreideprodukte und Backzutaten

Praktisch ist auch ein Vorrat an lang haltbaren Getreide- und Pseudogetreideprodukten wie Pasta, Reis, Couscous und Quinoa. Vor allem, wer gerne backt, kann sich auch gleich einen größeren Vorrat an Zucker oder Agavendicksaft, Mehl, Speisestärke und Haferflocken zulegen. Lange haltbar sind auch Nüsse und Kerne, Trockenfrüchte (wie z. B. Datteln), (veganes) Kakaopulver und (vegane) Schokolade. Auch Agar-Agar, als pflanzliches Geliermittel perfekt für vegetarische und vegane Desserts, ist gut haltbar.

TK-Produkte und Konserven

Den Einkauf erleichtern können Sie sich mit Tiefkühlprodukten und Konserven. Denn anders als frische Lebensmittel sind sie mehrere Monate haltbar und als Vorrat zur Stelle, wenn's einmal nicht zum Großeinkauf reicht. So lassen sich z. B. passierte Tomaten gut als Konserven bevorraten. Gleiches gilt beispielsweise für Hülsenfrüchte wie Kichererbsen, Linsen, Bohnen sowie Mais oder Oliven.
Im Gefrierfach oder in der Tiefkühltruhe finden dann noch verschiedene Früchte (z. B. Beeren), Gemüse (z. B. Erbsen, Bohnenkerne, Spinat, Blumenkohl, Brokkoli) und Kräuter (z. B. Petersilie, Schnittlauch, Basilikum) Platz.

Frische Lebensmittel

Neben Lebensmitteln, die sich länger im Vorratsschrank halten, gibt es auch Produkte, die man am besten frisch kauft, da sie leicht verderben. Hierzu gehört z. B. frisches Gemüse wie Tomaten, Gurken oder Frühlingszwiebeln. Auch Zwiebeln, Knoblauch, Chilischoten, Zitronen und Limetten halten sich zwar einige Tage, sollten aber nicht allzu lange unverbraucht in der Küche stehen. Kräuter können z. B. in einem Topf auf der Fensterbank ihren Platz finden und bei guter Pflege lange als frischer Vorrat geerntet werden.

Butter oder (vegane) Margarine hält sich gut im Kühlschrank und wird immer wieder gebraucht. Nach Bedarf kann man für Desserts und Gebäck noch Zutaten wie Eier oder Milch hinzukaufen. Auch andere Milchprodukte wie Joghurt, Sahne, Frischkäse oder Käse (Parmesan, Feta, Mozzarella, Ziegenkäse) werden am besten frisch gekauft. Gleiches gilt für die entsprechenden pflanzlichen Ersatzprodukte (z. B. Hafer- oder Mandelmilch, Sojajoghurt).

Vegetarische und vegane Ernährung

Sich vegetarisch oder sogar vegan zu ernähren, liegt im Trend. Die Motive hierfür sind vielfältig. So lehnen es z. B. immer mehr Menschen ab, dass Tiere zu Nahrungszwecken getötet und in Massentierhaltung gehalten werden. Auch Umweltschutz, religiöse Gründe oder die eigene Gesundheit können für die Entscheidung, sich vegetarisch oder vegan zu ernähren, ausschlaggebend sein.
Vegetarier nehmen keine Lebensmittel und Zutaten zu sich, die von getöteten Tieren stammen. Dazu gehören z. B. Fleisch- und Wurstwaren, aber auch Fisch und Meeresfrüchte. Veganer gehen noch einen Schritt weiter und verzichten konsequent auf alle Lebensmittel und Zutaten tierischer Herkunft. Dies umfasst zusätzlich auch Produkte wie z. B. Milch, Käse, Honig, Eier und Butter.
Allerdings gibt es vor allem bei der vegetarischen Ernährung verschiedene Varianten. Die gängigsten davon sind:

- **Ovo-Lakto-Vegetarier:** essen Milch und Milcherzeugnisse, Eier und Eiprodukte
- **Lakto-Vegetarier:** essen Milch und Milcherzeugnisse, aber keine Eier
- **Ovo-Vegetarier:** essen Eier, aber keine Milch und Milcherzeugnisse
- **Flexitarier:** verzichten nicht gänzlich auf Fleisch oder Fisch, sondern schränken ihren Konsum mehr oder weniger stark ein.

Sie alle sind bei angemessener Planung im Rahmen einer gesunden Ernährung unbedenklich und empfehlenswert. Für welche Ernährungsweise man sich entscheidet, hängt daher ganz von den eigenen Wünschen und Vorstellungen ab.
Inzwischen gibt es viele Studien, die belegen, dass eine vegetarische oder vegane Ernährungsweise gesund ist und sogar dabei helfen kann, „Wohlstandskrankheiten“ vorzubeugen. So haben Vegetarier und Veganer z. B. ein geringeres Risiko, an Diabetes, Bluthochdruck oder Herzinfarkt zu erkranken. Studien belegen auch, dass Vegetarier und Veganer durchschnittlich ein günstigeres Körpergewicht, eine geringere Krebsanfälligkeit und eine höhere Lebenserwartung haben.

Wichtig ist dabei jedoch, sich ausgewogen zu ernähren. Denn auch eine vegetarische oder vegane Ernährung ist nicht automatisch gesund! Wer sich z. B. regelmäßig mit Schokolade und Chips vollstopft, tut seinem Körper auch bei einer pflanzlichen Ernährung nichts Gutes. Daher gilt: Greifen Sie bevorzugt zu möglichst wenig verarbeiteten Lebensmitteln. Ernähren Sie sich abwechslungsreich und setzen Sie bevorzugt auf naturbelassene, regionale Lebensmittel. Dann können Sie sich auch die eine oder andere „Ernährungssünde“ zwischendurch gönnen.

Gesunde Ernährungsplanung

Bei einer vegetarischen oder veganen Ernährung wird oftmals vor Nährstoffmangel gewarnt. Denn viele wichtige Nährstoffe wie z. B. Proteine, Zink, Eisen, Jod, Omega-3-Fettsäuren oder Vitamin B12 sind in größeren Mengen vor allem in Fleisch- und Fischprodukten enthalten. In der Regel gibt es jedoch gute pflanzliche Alternativen und auch Nahrungsergänzungsmittel helfen dabei, Mangelerscheinungen zu vermeiden. Wer sich unsicher ist, sollte eine Blutentnahme mit anschließender Auswertung der Blutwerte beim Arzt vornehmen lassen. Hier erfahren Sie, welchen Nährstoffbedarf Sie haben, und können sich informieren, welche Nährstoffe Sie, z. B. in Form von Nahrungsergänzungsmitteln, zuführen sollten.

Wichtiges Eiweiß

Eiweiß (Protein) ist ein wichtiger Bestandteil des Organismus. Für den Körper hat es wichtige Funktionen wie z. B. als Baustoff für Zellen und Gewebe, Antikörper oder für den Nährstofftransport. Die von der Deutschen Gesellschaft für Ernährung empfohlene Proteinzufuhr beträgt für Erwachsene zwischen 19 und 65 Jahren 0,8 Gramm Protein pro Kilogramm Körpergewicht täglich. Dies sind z. B. für eine 58 Kilogramm schwere Frau mindestens 47 Gramm Eiweiß und für einen 71 Kilogramm schweren Mann mindestens 57 Gramm Eiweiß pro Tag. Bei Veganern oder Vegetariern ist in puncto Eiweiß vor allem Abwechslung gefragt. So lässt sich die Versorgung mit allen essenziellen Aminosäuren (Eiweißbausteine) decken.

Gute Eiweißlieferanten sind z. B. Sojaprodukte und Hülsenfrüchte. Sie sind vor allem für Veganer wichtig, denn sie enthalten die essenzielle Aminosäure Lysin, die in anderen rein pflanzlichen Lebensmitteln überwiegend nicht vorhanden ist. Auch Quinoa, Chiasamen, Amaranth, Hirse, Kamut und Dinkel haben einen hohen pflanzlichen Eiweißgehalt und sollten regelmäßig auf Ihrem Speiseplan stehen. Vegetarier können die Eiweißzufuhr zudem durch Milchprodukte wie z. B. Milch, Quark und Käse sowie Eier ergänzen.

Eisen, Zink und Kalzium

Eisen, Zink und Kalzium erfüllen für unseren Körper wichtige Aufgaben. So spielt Eisen z. B. bei Blutbildung und Sauerstofftransport eine bedeutende Rolle, Zink bei Zellwachstum und Wundheilung und Kalzium ist wichtig für Knochen und Zähne.
Da Eisen aus pflanzlicher Nahrung schlechter aufgenommen wird, ist der Eisenbedarf von Vegetariern im Vergleich zu Gemischtköstlern um den Faktor 1,8 erhöht. Reichlich Eisen finden Sie z. B. in Getreide, Hülsenfrüchten, Nüssen und Samen. Zinkmangel kommt weniger häufig vor. Ist jedoch ein erhöhter Bedarf vorhanden, sind Sojaprodukte, Hülsenfrüchte, Nüsse und Getreide gute Quellen. Ein Tipp: Wenn Sie Getreideprodukte mit frischem Obst und Gemüse kombinieren, wird die Eisen- und Zinkaufnahme aus dem Getreide vervielfacht.
Während Ovo-Lacto-Vegetarier mit Kalzium oft sogar besser versorgt sind als Gemischtköstler, leiden Veganer häufig unter Kalziummangel. Gute Kalziumquellen sind beispielsweise Brokkoli, Grünkohl und Chinakohl. Aber auch Sojamilch, Tofu und kalziumreiches Mineralwasser liefern einen wertvollen Beitrag zur Kalziumversorgung.

Jod, Vitamin D und Vitamin B12

Jod ist vor allem wichtig für die Funktion der Schilddrüse. Wer auf Fisch als Jodquelle verzichtet, kann stattdessen zu Algen greifen. Empfehlenswert ist es auch, ausschließlich jodiertes Speisesalz zu verwenden.
Vor allem im Zusammenhang mit einer veganen Ernährung ist außerdem oft von Vitamin D und Vitamin B12 die Rede. Vitamin D hat im Körper viele Aufgaben. So fördert es z. B. die Knochenbildung und regelt den Kalzium- und Phosphathaushalt. Da es – neben Pfifferlingen und Champignons in geringer Menge – fast

ausschließlich in tierischen Lebensmitteln enthalten ist, kann der Bedarf z. B. durch angereicherte Lebensmittel (z. B. Sojamilch, Orangensaft) oder Nahrungsergänzungsmittel gedeckt werden.
Auch Vitamin B12 ist in pflanzlichen Lebensmitteln meist in eher geringen Mengen enthalten. Auch hier sind Veganer, die auf Milchprodukte und Eier verzichten, auf angereicherte Lebensmittel und Nahrungsergänzungsmittel angewiesen.

Omega-3-Fettsäuren

Omega-3-Fettsäuren sind lebenswichtige Nährstoffe. Sie sind z. B. wichtig für Herz, Gehirn und Sehkraft und müssen mit der Nahrung zugeführt werden.
In besonders hoher Menge sind sie in Fisch und Meeresfrüchten enthalten.
Doch auch mit pflanzlichen Alternativen können Sie Ihren Bedarf decken.
Beispiele hierfür sind Leinöl, Raps-, Walnuss- oder Hanföl, aber auch Algen, die dem Körper darüber hinaus wertvolle Mineralstoffe liefern.

Vegetarische und vegane Ersatzprodukte

Wenn man die genannten Tipps beherzigt, ist die vegetarische und vegane Ernährung sehr gesund und auch gar nicht so kompliziert. Viele Neuvegetarier und vor allem -veganer werden sich jedoch fragen, wie sie bisher verwendete Lebensmittel wie z. B. Fleisch, Eier, Milch und Milchprodukte ersetzen können. Doch keine Sorge: Hier gibt es viele genussreiche Produkte, die den Gedanken an Verzicht gar nicht erst aufkommen lassen!

Fleischersatz: Tofu, Tempeh und Co.

Im Handel erhältlich ist ein breites Sortiment an Fleischersatzprodukten. Sie werden z. B. auf Basis von Getreide, Hülsenfrüchten, Gemüse und weiteren pflanzlichen Zutaten hergestellt. Als Klassiker gilt dabei Tofu. Hergestellt aus zu Sojamilch verarbeiteten weißen Sojabohnen, entwässert und zu Blöcken gepresst, ähnelt das Produktionsverfahren der Käseherstellung aus Milch. Tofu lässt sich z. B. für Nudel- und Gemüsegerichte verwenden und wird in der asiatischen Küche schon seit Jahrtausenden als gesunde Proteinquelle geschätzt.
Aus Sojabohnen wird auch Sojafleisch hergestellt. Es unterscheidet sich in Konsistenz, Eiweißanteil und Geschmack kaum von herkömmlichem Fleisch und ist in verschiedensten Formen wie z. B. als Granulat, Medaillons oder Geschnetzeltes erhältlich. Wie bei Tofu können Sie nach Belieben mit den verschiedensten Marinaden und Gewürzmischungen experimentieren und den Fleischersatz nach persönlichem Geschmack zubereiten.
Auch Tempeh wird in der pflanzlichen Ernährung geschätzt. Das traditionelle indonesische Lebensmittel wird aus fermentierten Sojabohnen hergestellt und kann viele Gerichte bereichern. In der japanischen Küche ist hingegen Seitan sehr bekannt. Er besteht aus Weizeneiweiß, besitzt eine fleischähnliche Konsistenz und lässt sich auf Basis von Seitanpulver gut zu Hause zubereiten. Seitan lässt sich z. B. braten, frittieren, grillen oder zum Backen verwenden.
Als Geheimtipp unter Vegetariern und Veganern gilt die Jackfrucht. Hierbei handelt es sich um eine tropische Frucht, die in Südostasien und Brasilien an Bäumen

wächst und dort zu den Grundnahrungsmitteln gehört. Die Jackfrucht wird auch als Gemüsefleisch bezeichnet und hat eine besondere Textur, die an Hühnerfleisch erinnert. Zu kaufen gibt es die Früchte in großen Supermärkten, in Naturkostläden und in Asiageschäften. Für die Zubereitung werden meist unreife, eingelegte oder getrocknete Früchte verwendet, die mariniert und in der Pfanne mit Öl gebraten werden. Reife Früchte sind hingegen sehr süß und lassen sich gut zu Desserts verarbeiten.

Pflanzliche Milchalternativen

Wer auf Milch und Milchprodukte verzichten möchte, hat ebenfalls zahlreiche Alternativen. So ist beispielsweise pflanzliche Milch beim Kochen und Backen ein wunderbarerer Kuhmilchersatz. Hierzu gehören Kokos-, Hafer-, Soja- oder Mandelmilch oder entsprechende Sahnealternativen. Soja- sowie Nuss- und Getreidedrinks, die es in verschiedenen Geschmacksrichtungen gibt, sind gesüßt oder ungesüßt erhältlich und lassen sich beispielsweise hervorragend für Desserts verwenden. Auch Joghurt gibt es auf Basis von Soja, Hafer, Mandeln, Lupinen, Kokosnuss, Reis oder Hanf. Veganer Quark wird meist aus der Milch von Sojabohnen, Cashewkernen oder Mandeln hergestellt und ist ein guter Ersatz für herkömmlichen Quark.

Eierersatz: von Tofu bis Haferflocken

Eier erfüllen beim Kochen und Backen verschiedene Funktionen. So dienen sie z. B. als Lockerungs- und Bindemittel, als Backtriebverstärker oder als Geschmackszutat. Doch auch hier gibt es vegane Alternativen. Als Bindemittel eignen sich z. B. Haferflocken, die sich beispielsweise für Gemüsebratlinge, vegane Frikadellen oder Kartoffelpuffer verwenden lassen. Auch für Kekse & Co. sind zarte Haferflocken eine gute Wahl. Ebenso als Bindemittel geeignet sind Lein- und Chiasamen. Gemahlene Samen quellen in Flüssigkeiten auf und sind so ebenfalls ein hervorragender Eierersatz. Ein weiteres pflanzliches Binde- und Verdickungsmittel ist Johannisbrotkernmehl. Es ist geschmacksneutral und kann kalt oder warm angerührt werden.

Als herzhafter Rühreiersatz kann z. B. fester Tofu (Natur- oder Räucher-Tofu) dienen, der zerbröckelt und nach Geschmack mit Gewürzen, Kräutern und Gemüse verfeinert wird. Wenn Sie hingegen eine Quiche oder Tarte backen möchten, ist

Seidentofu die geeignete Wahl. Er enthält mehr Flüssigkeit als fester Tofu und wird auch zur Zubereitung von Süßspeisen, Cremes und Soßen verwendet.

Käseersatz auf Pflanzenbasis

Käse ist nichts für Veganer – und teilweise noch nicht einmal etwas für Vegetarier! Denn manche Sorten werden mit tierischem Lab aus der Magenschleimhaut getöteter Kälber hergestellt. Eine entsprechende Kennzeichnung ist nicht gesetzlich vorgeschrieben und die Herkunft des Enzyms – tierisch, pflanzlich oder mikrobiell – ist eine freiwillige Angabe. Wer unsicher ist, erkundigt sich am besten direkt beim Hersteller. Und auch Veganer finden mittlerweile für fast jede Käsesorte eine pflanzliche Alternative. So gibt es z. B. verschiedene Frischkäsesorten auf Mandelbasis sowie veganen Reibekäse für Lasagne, Aufläufe und Pizza.

Vegetarisch einkaufen und kochen

Wer weiß, worauf er achten muss, kann also beim Einkauf vegetarischer und veganer Lebensmittel problemlos zu Alternativen greifen. Grundnahrungsmittel wie Gemüse, Obst, Hülsenfrüchte und Getreide finden Sie ohnehin in jedem gut sortierten Lebensmittelgeschäft. Und auch spezielle vegetarische bzw. vegane Produkte wie Fleisch- und Milchalternativen sind in den meisten größeren Supermärkten erhältlich. Was Sie hier nicht erhalten, bekommen Sie meist mühelos in Bio-Supermärkten, Drogeriemärkten und in Reformhäusern. Und auch bei spezielleren Zutaten werden Sie sicher vor Ort fündig: Seidentofu, Tempeh oder Algen können Sie beispielsweise im Asiashop kaufen, Hummus (Kichererbsenpaste) oder Tahin (Sesammus) finden Sie im türkischen Lebensmittelgeschäft. So wird es in der vegetarischen und veganen 5-Zutaten-Küche nie langweilig und für Abwechslung ist stets gesorgt. Und auch an passenden Rezepten mangelt es nicht. Einige Anregungen finden Sie im nachfolgenden Rezeptteil. Viel Spaß beim Kochen und Ausprobieren!

Suppen und Salate

Dicke-Bohnen-Suppe
mit Minze

Zutaten für 6 Portionen

500 g Dicke Bohnen

40 g Butter

40 g Mehl

1 l heiße Gemüsebrühe

100 g Feta

außerdem:
Salz, Minze zum Garnieren, getrocknete, gehackte Chilischoten und schwarzer Sesam nach Belieben

Pro Portion: ca. 192 kcal, 10 g EW, 10 g F, 17 g KH
Zubereitung: ca. 45 Min.

1. Ausreichend Salzwasser in einem Topf zum Kochen bringen und Bohnen darin ca. 10 Minuten kochen. In ein Sieb abgießen und Bohnenhäute entfernen.

2. 1 Handvoll Bohnen zum Garnieren beiseitestellen, restliche Bohnen mit dem Stabmixer pürieren oder durch ein feines Sieb passieren. Butter in einem Topf schmelzen lassen. Mehl zugeben und kurz anschwitzen. Heiße Gemüsebrühe zugießen und alles unter ständigem Rühren aufkochen lassen.

3. Bohnenpüree unterrühren und bei geringer Hitze ca. 10 Minuten köcheln lassen. Suppe mit Salz abschmecken. Minze waschen, trocken schütteln und klein zupfen. Feta zerbröckeln.

4. Bohnensuppe in Suppenschälchen verteilen und beiseitegestellte Bohnen, Minze und Feta darübergeben. Nach Belieben mit getrockneten, gehackten Chilischoten und schwarzem Sesam garniert servieren.

Miso-Suppe*

Zutaten für 4 Portionen

4 Frühlingszwiebeln

100 g Austernpilze

300 g Tofu

750 ml vegane Gemüsebrühe

80 g Misopaste

außerdem:
4 TL Sesam nach Belieben

Pro Portion: ca. 242 kcal, 19 g EW, 12 g F, 21 g KH
Zubereitung: ca. 25 Min.

1. Frühlingszwiebeln putzen, waschen und in Streifen schneiden. Pilze mit einem Pinsel oder Küchenkrepp putzen, Stiele entfernen und Pilze klein schneiden. Tofu in mundgerechte Stücke schneiden.

2. Gemüsebrühe in einen Topf geben und mit Frühlingszwiebeln zum Kochen bringen. Bei starker Hitze ca. 2 Minuten offen kochen lassen. Temperatur verringern und Miso bei geringer Hitze unterrühren.

3. Pilze und Tofu zugeben und alles ca. 1–2 Minuten erhitzen (nicht kochen!). Suppe in Suppenschälchen anrichten und nach Belieben mit Sesam bestreut servieren.

Brokkolisuppe*

mit Kokosmilch

Zutaten für 4 Portionen

1 kg Brokkoli

1 Zwiebel

2 Knoblauchzehen

4 EL veganes Gemüsebrühepulver

1 Dose Kokosmilch und etwas Kokosmilch zum Garnieren

außerdem:
1 EL Öl, Salz, frisch gemahlener Pfeffer, etwas Cayennepfeffer, Samen und Kerne (z. B. Kürbiskerne, Leinsamen) nach Belieben

Pro Portion: ca. 404 kcal, 14 g EW, 30 g F, 16 g KH
Zubereitung: ca. 30 Min.

1. Brokkoli putzen, waschen und in Röschen teilen. Zwiebel und Knoblauch schälen und fein hacken. Öl in einem Topf erhitzen und Zwiebel und Knoblauch darin andünsten.

2. Brokkoli zugeben und so viel Wasser zugeben, dass der Brokkoli bedeckt ist. Brühepulver zugeben, mit etwas Salz, Pfeffer und Cayennepfeffer abschmecken und ca. 10 Minuten köcheln lassen.

3. Topf vom Herd nehmen und alles mit dem Stabmixer pürieren. Kokosmilch unterrühren und Suppe nochmals mit Salz, Pfeffer und Cayennepfeffer abschmecken.

4. Suppe nochmals kurz erhitzen, in Suppenschälchen anrichten. Mit Kokosmilch und nach Belieben mit Kernen und Samen garniert servieren.

Pastinakensuppe*

mit pflanzlicher Sahne

Zutaten für 4 Portionen

300 g Pastinaken

300 g Kartoffeln

1 Zwiebel

550 ml vegane Gemüsebrühe

200 g pflanzliche Sahne (z. B. Hafer- oder Sojasahne)

außerdem:
2 EL Olivenöl, Salz, frisch gemahlener Pfeffer, gehackte Walnüsse zum Garnieren

Pro Portion: ca. 249 kcal, 5 g EW, 14 g F, 26 g KH

Zubereitung: ca. 35 Min.

1. Pastinaken und Kartoffeln schälen, waschen und grob würfeln. Zwiebel schälen und fein hacken. Öl in einem Topf erhitzen und Gemüse darin ca. 2 Minuten braten.

2. Gemüsebrühe zugießen und alles bei mittlerer Hitze ca. 10 Minuten garen. Topf vom Herd nehmen und Gemüse mit dem Stabmixer grob pürieren. Pflanzliche Sahne zufügen und nochmals pürieren. Mit Salz und Pfeffer abschmecken.

3. Gehackte Walnüsse in einer Pfanne ohne Fett kurz anrösten. Suppe in Suppenschälchen anrichten und mit gerösteten Walnüssen bestreut servieren.

Melonen-Gazpacho*

Zutaten für 4 Portionen

2 große Tomaten

500 g Wassermelonenfleisch

½ Salatgurke

1 Schalotte

1 Chilischote

außerdem:
1 ½ EL veganer Essig, 2 EL Olivenöl, 1 TL Zitronensaft, Salz, frisch gemahlener Pfeffer, Kräuter oder Sprossen zum Garnieren

Pro Portion: ca. 112 kcal, 2 g EW, 5 g F, 13 g KH

Zubereitung: ca. 30 Min. + Ruhezeit ca. 15 Min. + Kühlzeit ca. 30 Min.

1. Tomaten häuten, entkernen und würfeln. Wassermelonenfleisch entkernen und würfeln. Gurke waschen. Ein kleines Stück abschneiden, würfeln und zum Garnieren beiseitestellen. Restliche Gurke schälen, entkernen und ebenfalls würfeln. Schalotte schälen und fein hacken. Chilischote waschen, entkernen und in Ringe schneiden. Einige Ringe zum Garnieren beiseitestellen, restliche fein hacken.

2. Tomaten, Gurke, Schalotte und Chili in einer Schüssel mischen. Essig unterrühren und alles ca. 15 Minuten ziehen lassen. Hälfte der Melone mit dem Gemüse in einem Standmixer pürieren. Mit Öl und Zitronensaft mischen. Restliche Melone mit dem Kartoffelstampfer grob zerstampfen und unterrühren. Salzen und pfeffern.

3. Gazpacho ca. 30 Minuten kalt stellen. In Schälchen anrichten und mit beiseitegestellten Gurkenwürfeln, Chiliringen und nach Belieben gewaschenen, trocken geschüttelten Kräutern oder Sprossen garniert servieren.

Mango-Feta-Nudelsalat

Zutaten für 2 Portionen

200 g Nudeln

300 g Mango

1 Bund Rauke

100 g Feta

außerdem:
Salz, Kräuter nach Belieben, Saft von ½ Zitrone, frisch gemahlener Pfeffer

Pro Portion: ca. 336 kcal, 14 g EW, 11 g F, 49 g KH
Zubereitung: ca. 20 Min. + Ruhezeit ca. 10 Min.

1. Nudeln nach Packungsanweisung in einem Topf mit ausreichend Salzwasser kochen, in ein Sieb abgießen und abkühlen lassen. Mango schälen, halbieren und entkernen. Fruchtfleisch würfeln und in eine Schüssel geben. Rauke waschen und trocken schütteln. Nach Belieben Kräuter (z. B. Basilikum oder Zitronenthymian) waschen, trocken schütteln, Blättchen abzupfen und fein hacken.

2. Rauke und Kräuter vorsichtig mit Mangowürfeln mischen und mit Zitronensaft beträufeln. Nudeln zugeben und alles locker mischen.

3. Mit Salz und Pfeffer abschmecken und ca. 10 Minuten ruhen lassen. Salat auf Tellern anrichten. Feta darüberbröckeln und Salat servieren.

Gurkensalat
mit Minze

Zutaten für 4 Portionen

1 kg Salatgurken

2 Knoblauchzehen

250 g griechischer Joghurt

1 Bund Dill

2 Stängel Minze

außerdem:
Salz, frisch gemahlener bunter Pfeffer, 1 Spritzer Zitronensaft

Pro Portion: ca. 122 kcal, 6 g EW, 6 g F, 9 g KH
Zubereitung: ca. 15 Min.

1. Gurken waschen, putzen, längs halbieren und in Scheiben schneiden. Knoblauch schälen und fein hacken.

2. Gurken und Knoblauch in eine Schüssel geben und mit Joghurt vermischen. Mit Salz, Pfeffer und Zitronensaft abschmecken.

3. Dill waschen, trocken schütteln, Fähnchen fein hacken und unter den Gurkensalat mischen.

4. Minze waschen, trocken schütteln und Blättchen abzupfen. Gurkensalat in Schälchen anrichten und mit Minze garniert servieren.

Graupen-Granatapfel-Salat*

Zutaten für 4 Portionen

1 l vegane Gemüsebrühe

150 g Gerstengraupen

2 Möhren

1 Granatapfel

außerdem:
1 EL Zitronensaft, 2 EL Olivenöl, Salz, frisch gemahlener Pfeffer, grob gehackte Kräuter (z. B. Dill, Minze) zum Garnieren

Pro Portion: ca. 216 kcal, 5 g EW, 7 g F, 36 g KH
Zubereitung: ca. 35 Min.

1. Gemüsebrühe und Graupen in einen Topf geben und zum Kochen bringen. Bei mittlerer Hitze ca. 20 Minuten köcheln lassen. Graupen in ein Sieb abgießen, unter kaltem Wasser abbrausen und abtropfen lassen. Möhren putzen, schälen und in feine Streifen schneiden. Granatapfel halbieren und Kerne herauslösen.

2. Graupen in eine Schüssel geben und mit Möhrenstreifen, Granatapfelkernen und Kräutern vermischen. Zitronensaft und Öl unterrühren und mit Salz und Pfeffer abschmecken. Salat auf Tellern anrichten und mit gehackten Kräutern garniert servieren.

Granatapfel auf der Arbeitsfläche rollen und mit den Händen einige Male durchkneten. Halbieren, über eine Schüssel halten und mit einem Holzlöffel auf die Schale klopfen. So lösen sich die Kerne fast von selbst.

Weiße-Bohnen-Tomaten-Salat*

Zutaten für 4 Portionen

1 Dose weiße Bohnen

1 rote Zwiebel

4 kleine Tomaten

½ Bund Petersilie

außerdem:
1 EL veganer Essig, 2 EL Olivenöl,
Salz, frisch gemahlener Pfeffer

Pro Portion: ca. 119 kcal, 5 g EW, 5 g F, 10 g KH
Zubereitung: ca. 20 Min.

1. Bohnen in einem Sieb mit kaltem Wasser abbrausen und abtropfen lassen. Zwiebel schälen und in Ringe oder Spalten schneiden.

2. Tomaten waschen, vom Stielansatz befreien und in Scheiben schneiden. Petersilie waschen, trocken schütteln und Blättchen grob hacken.

3. Bohnen in eine Schüssel geben und mit Zwiebel, Tomaten und Petersilie mischen. Essig und Öl sowie etwas Salz und Pfeffer in einer Schüssel verrühren und mit dem Salat vermischen. Salat kurz ziehen lassen und auf Salattellern portioniert servieren. Dazu passt Ciabatta.

Rotkohl-Orangen-Salat

Zutaten für 2 Portionen

400 g Rotkohl

2 Orangen

einige Walnusskerne

außerdem:
Salz, frisch gemahlener Pfeffer, 3 EL Weißweinessig,
2 TL flüssiger Honig, 5 EL Rapsöl

Pro Portion: ca. 442 kcal, 6 g EW, 29 g F, 33 g KH
Zubereitung: ca. 30 Min. + Ruhezeit ca. 10 Min.

1. Rotkohl putzen, waschen und in feine Streifen schneiden oder hobeln. In eine Schüssel geben und mit 1 Prise Salz vermischen. Rotkohl mit den Händen ca. 5 Minuten kräftig kneten.

2. 1 Orange schälen und weiße Häute entfernen. Orange vierteln und in Stücke schneiden. Restliche Orange auspressen. 100 Milliliter Orangensaft in eine Schüssel geben und mit Pfeffer, Weißweinessig, flüssigem Honig und Rapsöl verrühren.

3. Rotkohl mit der Vinaigrette vermischen und mindestens ca. 10 Minuten ziehen lassen. Orangenstücke unterheben und Salat mit Salz und Pfeffer abschmecken. Mit Walnusskernen bestreut servieren.

Der rote Farbstoff des Rotkohls färbt leicht ab. Daher empfiehlt es sich, bei der Zubereitung Einmalhandschuhe zu tragen.

Getreide, Pasta und Pizza

Gefüllte Zucchini

mit Quinoa

Zutaten für 4 Portionen

100 g Quinoa

5 Zucchini (à 250 g)

4–5 Champignons

50 g geriebener Parmesan

außerdem:
Salz, 3 EL Olivenöl, fein gehackte Kräuter (z. B. Dill) zum Garnieren, frisch gemahlener Pfeffer

Pro Portion: ca. 264 kcal, 13 g EW, 13 g F, 23 g KH
Zubereitung: ca. 45 Min. + Backzeit ca. 25 Min.

1. Quinoa in einem Sieb unter fließendem, warmem Wasser waschen und nach Packungsanweisung in einem Topf mit ausreichend Salzwasser garen. Zucchini putzen und waschen. 4 Zucchini längs halbieren und mit einem Löffel aushöhlen.

2. Ausreichend Wasser in einem Topf zum Kochen bringen, etwas Salz zufügen und ausgehöhlte Zucchini darin ca. 2 Minuten blanchieren. Mit Eiswasser abschrecken und in einem Sieb abtropfen lassen. Zucchini auf ein mit Backpapier belegtes Backblech legen. Backofen auf 200 °C (Umluft: 180 °C) vorheizen.

3. Restliche Zucchini würfeln. Pilze putzen und klein schneiden. Öl in einer Pfanne erhitzen und Zucchiniwürfel und Pilze darin ca. 5 Minuten andünsten. Quinoa und Kräuter untermischen. Mit Salz und Pfeffer abschmecken. Quinoamischung in die ausgehöhlten Zucchini füllen und mit Parmesan bestreuen. Im vorgeheizten Backofen ca. 25 Minuten garen.

Hirse-Kürbis-Auflauf

Zutaten für 2 Portionen

75 g Hirse

200 g Kürbis
(z. B. Hokkaido)

2 Zwiebeln

2 Eier

200 g Quark

außerdem:
Salz, 1 EL Öl, frisch gemahlener Pfeffer, etwas frisch geriebener Muskat, 2 EL Rosinen nach Belieben, Butter für die Förmchen

Pro Portion: ca. 404 kcal, 23 g EW, 18 g F, 40 g KH

Zubereitung: ca. 45 Min. + Ruhezeit ca. 20 Min. + Backzeit ca. 25 Min.

1. Hirse in einem Sieb mit heißem Wasser abspülen und abtropfen lassen. Ausreichend Salzwasser in einem Topf erhitzen. Hirse zugeben und bei geringer Hitze ca. 20 Minuten quellen lassen.

2. Kürbis waschen, halbieren, entkernen und grob raspeln. Zwiebeln schälen und fein hacken. Öl in einer Pfanne erhitzen und Kürbis und Zwiebeln darin andünsten. Backofen auf 180 °C (Umluft: 160 °C) vorheizen.

3. Eier trennen. Eigelbe und Quark sowie etwas Salz, Pfeffer und Muskat in eine Schüssel geben und alles mit dem Handrührgerät vermischen. Hirse, Kürbis und Zwiebeln sowie nach Belieben Rosinen untermischen. Eiweiße steif schlagen und unterheben.

4. Auflaufförmchen einfetten und Hirse-Kürbis-Masse darin verteilen. Im vorgeheizten Backofen ca. 25 Minuten backen und noch warm servieren.

Buchweizen
mit Pilzen

Zutaten für 4 Portionen

200 g Buchweizen (geschält und geröstet)

450 g braune Champignons

3 Zwiebeln

200 g saure Sahne

außerdem:
Salz, 2 EL Öl, 2 EL Butter, frisch gemahlener Pfeffer, Chiliflocken, gemahlener Piment

Pro Portion: ca. 389 kcal, 12 g EW, 19 g F, 42 g KH
Zubereitung: ca. 45 Min.

1. 800 Milliliter Wasser mit 3 Teelöffeln Salz in einen Topf geben und zum Kochen bringen. Buchweizen zugeben und bei mittlerer Hitze ca. 10 Minuten köcheln lassen. Vom Herd nehmen und ausquellen lassen.

2. Champignons putzen und in Scheiben schneiden. Zwiebeln schälen und fein hacken. Buchweizen in einem Sieb abtropfen lassen. Öl in einer Pfanne erhitzen und Pilze darin kurz anbraten. Herausnehmen und beiseitestellen. Zwiebeln in die Pfanne geben und ebenfalls kurz anbraten.

3. Pilze wieder zu den Zwiebeln in die Pfanne geben. Abgetropften Buchweizen zufügen und unterrühren. Butter zugeben und alles mit Salz, Pfeffer, Chiliflocken und Piment abschmecken. Buchweizen mit Pilzen in Schüsseln oder auf Tellern anrichten und mit saurer Sahne servieren.

Polentaschnitten
mit Tomaten und Käse

Zutaten für 4 Portionen

200 g Maisgrieß

5 Tomaten

2 Knoblauchzehen

2 Stängel Basilikum

150 g Käse (z. B. Fontina oder Emmentaler)

außerdem:
Salz, frisch gemahlener Pfeffer, Oliven zum Garnieren

Pro Portion: ca. 380 kcal, 15 g EW, 17 g F, 43 g KH
Zubereitung: ca. 45 Min. + Kühlzeit ca. 12 Std. + Backzeit ca. 10 Min.

1. 750 Milliliter Wasser mit 1 Teelöffel Salz in einem Topf zum Kochen bringen. Maisgrieß unter Rühren einrieseln lassen und zugedeckt bei geringer Hitze ca. 20 Minuten garen. Deckel abnehmen und Polenta lauwarm abkühlen lassen.

2. Tomaten waschen und vom Stielansatz befreien. 4 Tomaten würfeln, übrige Tomate in Scheiben schneiden. Knoblauch schälen und fein hacken. Basilikum waschen und trocken schütteln. Einige Blättchen zum Garnieren beiseitelegen, übrige fein hacken. Käse in Scheiben schneiden.

3. Tomatenwürfel, Knoblauch und Basilikum unter die Polenta heben, salzen und pfeffern. In eine Form füllen, glatt streichen und ca. 12 Stunden kalt stellen. Ofen auf 220 °C (Umluft: 200 °C) vorheizen. Polenta auf ein mit Backpapier belegtes Blech stürzen und in Scheiben schneiden. Mit Käse, Tomatenscheiben und Oliven belegen, im vorgeheizten Ofen ca. 8–10 Minuten backen und mit Basilikum garnieren.

Linsen-Bulgur-Köfte*

Zutaten für 2 Portionen

200 g rote Linsen

150 g feiner Bulgur

2 Zwiebeln

3 Frühlingszwiebeln

½ Bund Petersilie

außerdem:
Salz, 4 EL Olivenöl,
1 TL Kreuzkümmel,
3 EL Paprikamark,
2 EL Tomatenmark,
2 EL Zitronensaft, frisch gemahlener Pfeffer

Pro Portion: ca. 692 kcal, 31 g EW, 21 g F, 58 g KH
Zubereitung: ca. 45 Min. + Ruhezeit ca. 20 Min.

1. Linsen in einem Sieb abspülen. 750 Milliliter Salzwasser in einem Topf zum Kochen bringen. Linsen darin zugedeckt bei geringer Hitze ca. 20 Minuten weich kochen. Vom Herd nehmen, Bulgur zugeben und zugedeckt ca. 20 Minuten ausquellen lassen. Bei Bedarf noch etwas heißes Wasser zugeben und unterrühren.

2. Zwiebeln schälen und fein hacken. Frühlingszwiebeln putzen, waschen und in Röllchen schneiden. 1 Esslöffel Öl in einer Pfanne erhitzen und Zwiebeln darin andünsten. Kreuzkümmel zugeben. Zwiebeln und Kreuzkümmel, Paprika- und Tomatenmark, Zitronensaft und Frühlingszwiebeln mit der Bulgur-Mischung vermengen und mit Salz abschmecken. Abkühlen lassen.

3. Petersilie waschen, trocken schütteln und Blättchen fein hacken. Petersilie und restliches Öl mit der Linsen-Bulgur-Masse vermischen und alles mit Salz und Pfeffer abschmecken. Zu länglichen Frikadellen formen und servieren.

Portobello-Pilze*

mit Couscous

Zutaten für 6 Stück

60 g Couscous

1 große rote Paprikaschote

6 Stängel Petersilie

1 rote Zwiebel

6 Portobello-Pilze (à ca. 100 g)

außerdem:
Salz, frisch gemahlener Pfeffer

Pro Stück: ca. 58 kcal, 4 g EW, 1 g F, 5 g KH

Zubereitung: ca. 25 Min. + Ruhezeit ca. 10 Min. + Backzeit ca. 30 Min.

1. Couscous nach Packungsanweisung zubereiten, dabei jedoch die doppelte Menge an Salzwasser verwenden. Ca. 5–10 Minuten ausquellen lassen. Paprika putzen, waschen und klein würfeln. Petersilie waschen, trocken schütteln und Blättchen fein hacken. Zwiebel schälen und ebenfalls fein hacken. Paprika, Petersilie und Zwiebel mit dem Couscous vermischen und alles mit Salz und Pfeffer abschmecken. Backofen auf 180 °C (Umluft: 160 °C) vorheizen.

2. Pilze putzen und Stiele entfernen. Pilze auf ein mit Backpapier belegtes Backblech legen und mit der Couscousmischung füllen. Im vorgeheizten Backofen ca. 20–30 Minuten backen und servieren.

Dazu schmeckt Minzjoghurt. Dafür 6 Stängel Minze waschen, trocken schütteln und fein hacken. Mit 375 Gramm Sojajoghurt vermischen und zu den Pilzen servieren.

Spinat-Käse-Risotto

Zutaten für 2 Portionen

200 g Risottoreis

350 ml Gemüsebrühe

225 g gehackter Spinat (TK-Produkt)

75 g Gorgonzola

außerdem:
1 EL Öl, frisch gemahlener Pfeffer,
etwas frisch geriebener Muskat

Pro Portion: ca. 551 kcal, 18 g EW, 18 g F, 78 g KH
Zubereitung: ca. 25 Min.

1. Öl in einem Topf erhitzen. Reis darin bei mittlerer Hitze andünsten. Gemüsebrühe zugießen und aufkochen lassen.

2. Gefrorenen Spinat zugeben und alles zugedeckt ca. 10 Minuten unter Rühren köcheln lassen.

3. Gorgonzola klein würfeln und kurz vor Garzeitende unterrühren. Risotto mit Pfeffer und Muskat abschmecken und in Schüsseln oder auf Tellern angerichtet servieren.

Zucchini-Reis-Auflauf

Zutaten für 2 Portionen

1 Tasse Reis

1 Zucchini

1 Zwiebel

2 Eier

4 EL geriebener Käse

außerdem:
Salz, 1 EL Olivenöl,
1 TL gehackte Petersilie,
frisch gemahlener
Pfeffer, Fett für die Form

Pro Portion: ca. 391 kcal, 16 g EW, 18 g F, 40 g KH
Zubereitung: ca. 35 Min. + Backzeit ca. 30 Min.

1. Reis in einem Topf mit der doppelten Menge kochendem Salzwasser ca. 10–15 Minuten körnig garen. In ein Sieb abgießen, kalt abschrecken und abtropfen lassen. Backofen auf 180 °C (Umluft: 160 °C) vorheizen.

2. Zucchini putzen, waschen und grob raspeln. Zwiebel schälen und fein hacken. Olivenöl in einer Pfanne erhitzen und Zwiebel darin andünsten. Reis in eine Schüssel geben und mit Zwiebel, Zucchini und Petersilie mischen. Mit Salz und Pfeffer abschmecken. Eier in einer Schüssel verschlagen und untermischen. Käse unterrühren.

3. Kleine Auflaufform einfetten und Zucchini-Reis-Mischung darin verteilen. Im vorgeheizten Backofen ca. 30 Minuten backen.

Käse-Makkaroni

Zutaten für 4 Portionen

500 g Makkaroni

200 ml Milch

2 EL mittelscharfer Senf

240 g geriebener Käse (z. B. Emmentaler)

außerdem:
Salz, Fett für die Form, frisch gemahlener Pfeffer, etwas frisch geriebener Muskat, Kräuter (z. B. Thymian) nach Belieben

Pro Portion: ca. 719 kcal, 34 g EW, 22 g F, 93 g KH

Zubereitung: ca. 25 Min. + Backzeit ca. 10 Min.

1. Makkaroni nach Packungsanweisung in einem Topf mit ausreichend Salzwasser bissfest garen, in ein Sieb abgießen und abtropfen lassen. Backofen auf 200 °C (Umluft: 180 °C) vorheizen. Auflaufform einfetten.

2. Milch in den heißen Nudeltopf geben und Senf mit einem Schneebesen gut unterrühren. Etwas Käse zum Garnieren beiseitestellen. Restlichen Käse mit den Nudeln zur Milch in den Topf geben, unterrühren und alles mit Salz und Pfeffer würzen.

3. Nudel-Käse-Mischung in der Auflaufform verteilen und im vorgeheizten Backofen ca. 10 Minuten backen. Herausnehmen, mit etwas Muskat und beiseitegestelltem Käse bestreuen und nach Belieben mit gewaschenen, trocken geschüttelten Kräutern garniert servieren.

Edamame-Pasta*

mit Rauke und Zitronenpesto

Zutaten für 4 Portionen

500 g Nudeln
(z. B. Penne)

100 g Edamame
(TK-Produkt)

Saft und abgeriebene
Schale von 1 unbehan-
delten Zitrone

1 Glas veganes grünes
Pesto

150 g Rauke

außerdem:
Salz, frisch gemahlener
Pfeffer

Pro Portion: ca. 403 kcal, 12 g EW, 18 g F, 40 g KH
Zubereitung: ca. 25 Min.

1. Nudeln nach Packungsanweisung in einem Topf mit ausreichend Salzwasser bissfest kochen.

2. Edamame mit ausreichend Salzwasser in einen weiteren Topf geben, zum Kochen bringen und ca. 3 Minuten blanchieren. Nudeln und Edamame in ein Sieb abgießen und abtropfen lassen.

3. Zitronensaft und -abrieb in eine Schüssel geben und mit Pesto vermischen. Rauke waschen und trocken schütteln. Nudeln mit Edamame, Rauke und Zitronenpesto mischen, mit etwas Pfeffer würzen und sofort servieren.

Algennudeln*

mit Pesto und Tomaten

Zutaten für 2 Portionen

500 g Algennudeln

200 g Cocktailtomaten

30 g Pinienkerne

2 EL veganes grünes Pesto

außerdem:
Salz, 2 EL Olivenöl, frisch gemahlener Pfeffer, 1 TL Agavendicksaft, 2 Stängel Basilikum zum Garnieren

Pro Portion: ca. 310 kcal, 6 g EW, 28 g F, 9 g KH
Zubereitung: ca. 40 Min. + Ruhezeit ca. 20 Min.

1. Algennudeln in einer Schüssel mit lauwarmem Wasser bedecken und ca. 20 Minuten einweichen. 1–2 Liter Salzwasser in einem Topf zum Kochen bringen. Algennudeln in ein Sieb abgießen und ca. 20 Minuten im Salzwasser garen.

2. Tomaten waschen, trocken tupfen und vom Stielansatz befreien. Pinienkerne in einer Pfanne ohne Fett goldbraun anrösten, herausnehmen und beiseitestellen. Öl in der Pfanne erhitzen und Tomaten darin bei mittlerer Hitze ca. 1–2 Minuten anbraten. Mit Salz und Pfeffer würzen und mit Agavendicksaft beträufeln. Kurz weiterschmoren und Pfanne vom Herd nehmen.

3. Basilikum waschen, trocken schütteln und Blättchen abzupfen. Algennudeln in ein Sieb abgießen, abtropfen lassen und unter die Tomaten heben. Pesto unterrühren. Nudeln mit Salz und Pfeffer abschmecken und mit Pinienkernen und Basilikum garniert servieren.

Tomaten-Feta-Tarte

Zutaten für 1 Tarte

150 g Dinkelmehl und etwas Mehl für die Arbeitsfläche

6 EL Olivenöl und etwas Öl für die Form

5 Tomaten

250 g Feta

außerdem:
Salz, getrocknete italienische Kräuter, frisch gemahlener Pfeffer

Pro Tarte: ca. 1766 kcal, 69 g EW, 104 g F, 128 g KH
Zubereitung: ca. 30 Min. + Kühlzeit ca. 30 Min. + Backzeit ca. 55 Min.

1. Mehl und 1 Prise Salz in einer Schüssel vermischen. 4 Esslöffel Olivenöl zugeben und alles mit den Fingerspitzen zu Streuseln verarbeiten. Ca. 6 Esslöffel kaltes Wasser zugießen und alles zu einem glatten Teig verkneten. Teig auf einer bemehlten Arbeitsfläche ca. 3–4 Millimeter dick ausrollen und eine gefettete Tarteform (ca. 22 cm Durchmesser) damit auslegen. Zugedeckt ca. 30 Minuten kalt stellen.

2. Tomaten waschen, vom Stielansatz befreien und in ca. 5–6 Millimeter dünne Scheiben schneiden. Feta in einer Schüssel zerbröseln und mit 1 Esslöffel Olivenöl mischen. Backofen auf 200 °C (Umluft: 180 °C) vorheizen. Bei Ober- und Unterhitze Teigboden ca. 15 Minuten vorbacken.

3. Teigboden mit Tomatenscheiben belegen, Feta darauf verteilen und Kräuter darübergeben. Mit Pfeffer bestreuen und mit restlichem Öl beträufeln. Im vorgeheizten Ofen auf unterster Schiene ca. 30–40 Minuten backen und heiß servieren.

Blätterteigschnecken
mit rotem Pesto

Zutaten für ca. 8 Stück

1 Pck. Blätterteig (aus dem Kühlregal)

1 Glas rotes Pesto

100 g geriebener Mozzarella

2 Stängel Basilikum

Pro Stück: ca. 241 kcal, 5 g EW, 18 g F, 15 g KH
Zubereitung: ca. 15 Min. + Backzeit ca. 20 Min.

1. Backofen auf 220 °C (Umluft: 200 °C) vorheizen. Blätterteig ausrollen, gleichmäßig mit Pesto bestreichen und mit Mozzarella bestreuen. Basilikum waschen, trocken schütteln, Blättchen abzupfen, fein hacken und darüberstreuen. Blätterteig von der langen Seite her aufrollen und in ca. 8 gleich große Stücke schneiden.

2. Blätterteigschnecken auf ein mit Backpapier belegtes Backblech setzen und im vorgeheizten Backofen ca. 15–20 Minuten goldgelb backen. Lauwarm oder kalt servieren.

Die Blätterteigschnecken eignen sich ideal als Snack zwischendurch oder für ein kaltes Büfett.

Kartoffelpizza*

Zutaten für 2 Pizzen

500 g Bauernbrotbackmischung mit Hefe

2 rote Zwiebeln

750 g festkochende Kartoffeln

außerdem:
etwas Fett für die Backbleche, etwas Mehl für die Backbleche und die Arbeitsfläche, Olivenöl zum Beträufeln, grobes Meersalz, frisch gemahlener Pfeffer, Kräuter (z. B. Petersilie) zum Garnieren

Pro Pizza: ca. 947 kcal, 31 g EW, 10 g F, 172 g KH

Zubereitung: ca. 30 Min. + Ruhezeit ca. 1 Std. 15 Min. + Backzeit ca. 40 Min.

1. Backmischung in eine Schüssel geben und 330 Milliliter lauwarmes Wasser zufügen. Mit den Knethaken des Handrührgeräts zu einem glatten Teig verkneten. Teig zugedeckt an einem warmen Ort ca. 45 Minuten ruhen lassen.

2. Zwei Backbleche einfetten und mit Mehl bestäuben. Teig auf der bemehlten Arbeitsfläche durchkneten und in zwei Hälften teilen. Zu Rechtecken oder Fladen ausrollen und auf die Backbleche legen. Dünn mit Wasser bestreichen und zugedeckt ca. 30 Minuten ruhen lassen. Ofen auf 250 °C (Umluft: 230 °C) vorheizen.

3. Zwiebeln schälen und in Ringe schneiden. Kartoffeln schälen und in Scheiben hobeln. Kartoffeln dachziegelartig auf den Teigböden verteilen und Zwiebelringe darübergeben. Pizzen mit Öl beträufeln und mit Meersalz und Pfeffer bestreuen. Kartoffelpizzen nacheinander im vorgeheizten Backofen ca. 15–20 Minuten knusprig backen. Mit gewaschenen, trocken geschüttelten Kräutern garniert servieren.

Gemüse, Käse und Co.

Käse-Soufflé

Zutaten für 4 Portionen

80 g weiche Butter und etwas Butter für die Förmchen

80 g Mehl und etwas Mehl für die Förmchen

400 ml Milch

8 Eier

100 g geriebener Käse (z. B. Emmentaler)

außerdem:
Salz, frisch gemahlener Pfeffer, etwas frisch geriebener Muskat, 1 Prise Paprikapulver

Pro Portion: ca. 545 kcal, 26 g EW, 39 g F, 24 g KH

Zubereitung: ca. 25 Min. + Backzeit ca. 40 Min.

1. Soufflé-Förmchen einfetten und mit Mehl ausstäuben. Butter in einem Topf zerlassen. Mehl darin unter Rühren ca. 3 Minuten anschwitzen. Nach und nach Milch mit dem Schneebesen unterrühren. Aufkochen und bei geringer Hitze ca. 5 Minuten unter Rühren köcheln. Vom Herd nehmen und etwas abkühlen lassen.

2. Ofen auf 200 °C (Umluft: 180 °C) vorheizen. Eine mit Wasser gefüllte Fettpfanne in die zweite Schiene von unten schieben. Eier trennen. Eiweiße sehr steif schlagen. Eigelbe nach und nach unter die Soße rühren. Käse unterrühren. Mit Gewürzen abschmecken. Eiweiße nach und nach unterheben.

3. Masse bis ca. 0,5 Zentimeter unter den Rand in die Förmchen füllen und Förmchen ins Wasserbad stellen. Soufflés im vorgeheizten Backofen ca. 20 Minuten backen. Temperatur auf 190 °C (Umluft: 170 °C) verringern und Soufflés weitere ca. 20 Minuten backen. Sofort servieren.

Gegrillte Auberginen
mit Tomaten und Mozzarella

Zutaten für 4 Portionen

2 Auberginen

150 g Cocktailtomaten

250 g Mozzarella

außerdem:
Salz, 2 Stängel Basilikum, frisch gemahlener Pfeffer, 2 EL Rapsöl

Pro Portion: ca. 232 kcal, 14 g EW, 17 g F, 6 g KH
Zubereitung: ca. 30 Min. + Ruhezeit ca. 30 Min.

1. Auberginen waschen, halbieren und Fruchtfleisch der Länge nach mit einem scharfen Messer zweimal einschneiden (Schale dabei nicht verletzen!). Fruchtfleisch mit Salz bestreuen und Auberginen ca. 30 Minuten ruhen lassen. Grill anheizen.

2. Auberginen mit Küchenpapier abtupfen. Tomaten waschen, halbieren, vom Stielansatz befreien und in Scheiben schneiden. Mozzarella in Scheiben schneiden. Basilikum waschen, trocken schütteln und Blättchen fein hacken.

3. Basilikum auf den Auberginen verteilen und diese mit Pfeffer würzen. Mit Tomaten- und Mozzarellascheiben belegen und mit Rapsöl beträufeln. Auberginenhälften vorsichtig in Alufolie einschlagen und von jeder Seite ca. 8–10 Minuten grillen.

Frittierter Blumenkohl
mit Joghurt-Dip

Zutaten für 4 Portionen

1 Knoblauchzehe

300 g Joghurt

1 Blumenkohl

200 g Paniermehl

4 Eier

außerdem:
Salz, ½ TL getrockneter Dill nach Belieben, Pflanzenöl zum Frittieren

Pro Portion: ca. 584 kcal, 21 g EW, 33 g F, 44 g KH
Zubereitung: ca. 35 Min.

1. Knoblauch schälen und fein hacken. Joghurt in eine Schüssel geben und mit Knoblauch, ½ Teelöffel Salz und nach Belieben Dill zu einem Dip verrühren.

2. Blumenkohl putzen, waschen und in Röschen teilen. Ca. 3 Liter Salzwasser in einem Topf zum Kochen bringen. Blumenkohlröschen darin ca. 7–8 Minuten bissfest garen. In ein Sieb abgießen und gut abtropfen lassen.

3. Paniermehl auf einen Teller geben. Eier in einem tiefen Teller verschlagen. Blumenkohlröschen erst im Paniermehl, dann in den verschlagenen Eiern und danach nochmals im Paniermehl wenden.

4. Pflanzenöl in einem Topf oder einer tiefen Pfanne erhitzen und Blumenkohlröschen darin goldbraun frittieren. Herausnehmen und auf Küchenpapier abtropfen lassen. Frittierten Blumenkohl mit Joghurt-Dip servieren.

Vegane

Kartoffel-Spinat-Bratlinge*

Zutaten für ca. 8 Stück

600 g Kartoffeln

½ Tasse Maismehl

1 EL Flohsamenschalen

2 Handvoll Babyspinat

außerdem:
Salz, frisch gemahlener Pfeffer, etwas frisch geriebener Muskat, Kokosfett zum Braten

Pro Stück: ca. 114 kcal, 3 g EW, 3 g F, 17 g KH
Zubereitung: ca. 50 Min.

1. Kartoffeln schälen, in Stücke schneiden und in einen Topf geben. So viel Salzwasser zugeben, dass die Kartoffeln gerade so bedeckt sind, und gar kochen.

2. Topf vom Herd nehmen und Kartoffeln mit dem Kochwasser zerstampfen. Maismehl und Flohsamenschalen unterrühren und alles zu einer dicken Masse verrühren (bei Bedarf etwas Wasser zugeben.) Mit Salz, Pfeffer und Muskat würzen.

3. Spinat waschen, trocken schütteln, grob hacken und unter die Kartoffelmasse rühren. Masse handwarm abkühlen lassen und zu Bratlingen formen. Kokosfett in einer Pfanne erhitzen und Bratlinge darin bei mittlerer Hitze von jeder Seite ca. 10 Minuten braten und mit einem Dip nach Wahl servieren.

Dazu passt ein Kräuter-Dip: 1 Becher Sojajoghurt mit gehackten Kräutern und 1 Teelöffel Tahin verrühren und mit Salz und Zitronensaft abschmecken.

Zucchininudeln*

mit Avocadosoße

Zutaten für 2 Portionen

2 große Zucchini

½ Bund Petersilie

1 Stück Ingwer (3 cm)

2 große, reife Avocados

70 ml Kokosmilch

außerdem:
Salz, frisch gemahlener Pfeffer

Pro Portion: ca. 549 kcal, 11 g EW, 47 g F, 32 g KH
Zubereitung: ca. 30 Min.

1. Zucchini waschen, trocken tupfen und mit dem Spiralschneider in Spaghettiform schneiden. Petersilie waschen, trocken schütteln und Blättchen grob hacken. Einige gehackte Blättchen zum Garnieren beiseitestellen. Ingwer schälen und ebenfalls grob hacken. Avocados halbieren und entkernen. Fruchtfleisch mit einem Löffel entnehmen.

2. Petersilie, Ingwer und Avocadofruchtfleisch mit Kokosmilch in einen Standmixer geben und pürieren. Soße mit Salz und Pfeffer abschmecken.

3. Zucchininudeln in einem Topf mit ausreichend kochendem Salzwasser ca. 2–3 Minuten blanchieren. In ein Sieb abgießen und abtropfen lassen. Zucchininudeln mit Avocadosoße vermischen und mit beiseitegestellter Petersilie garniert servieren.

Halloumi Fries

mit Soße

Zutaten für 2 Portionen

200 g griechischer Joghurt

etwas abgeriebene Schale von 1 unbehandelten Zitrone

1–2 TL Ajvar oder Harissa

200 g Halloumi

4–5 EL Mehl

außerdem:
frisch gemahlener Pfeffer, gehackte Kräuter nach Belieben, Öl zum Frittieren

Pro Portion: ca. 722 kcal, 33 g EW, 49 g F, 35 g KH
Zubereitung: ca. 20 Min.

1. Joghurt in einer Schüssel mit Zitronenabrieb, Ajvar oder Harissa vermischen. Mit Pfeffer abschmecken. Nach Belieben mit gehackten Kräutern verfeinern.

2. Halloumi in gleich große, längliche Stücke schneiden. Mehl in einen tiefen Teller geben und Halloumi darin wenden.

3. Öl in einer tiefen Pfanne erhitzen und Halloumi darin goldbraun frittieren. Herausnehmen und auf Küchenpapier abtropfen lassen. Halloumi Fries mit Joghurt-Soße servieren.

Eiermuffins
mit Paprika und Pilzen

Zutaten für 2 Portionen

100 g Champignons

1 Frühlingszwiebel

1 rote Paprikaschote

4 Eier

100 g geriebener Käse (z. B. Gouda)

außerdem:
Salz, frisch gemahlener Pfeffer, etwas frisch geriebener Muskat, Fett für das Muffinblech

Pro Portion: ca. 382 kcal, 28 g EW, 25 g F, 10 g KH
Zubereitung: ca. 15 Min. + Backzeit ca. 20 Min.

1. Champignons putzen und klein schneiden. Frühlingszwiebel putzen, waschen und in dünne Röllchen schneiden. Paprika putzen, waschen und klein schneiden.

2. Gemüse in eine Schüssel geben und mit Eiern und geriebenem Käse vermischen. Mit Salz, Pfeffer und Muskat würzen.

3. Mulden eines Muffinblechs einfetten und Masse gleichmäßig darin verteilen. Im vorgeheizten Backofen ca. 15–20 Minuten backen und noch warm servieren.

Jackfruit-Burger

Zutaten für 2 Portionen

225 g Jackfruit (aus der Dose)

2 Brötchen oder Burgerbrötchen

1 rote Zwiebel

170 g Barbecuesoße

200 g Coleslaw

außerdem:
Ketchup, 1 EL Öl, Knoblauchpulver

Pro Portion: ca. 498 kcal, 9 g EW, 18 g F, 68 g KH
Zubereitung: ca. 20 Min.

1. Jackfruit in einem Sieb abtropfen lassen. Brötchen halbieren und mit etwas Ketchup bestreichen. Zwiebel schälen und in feine Ringe schneiden.

2. Öl in einer Pfanne erhitzen und Zwiebel darin anbraten. Abgetropfte Jackfruit in die Pfanne geben und scharf anbraten. Jackfruit zerdrücken und mit der Gabel zerteilen. Barbecuesoße und etwas Knoblauchpulver zufügen, alles gut vermischen und kurz ziehen lassen.

3. Jackfruit-Mischung jeweils auf einer Brötchenhälfte verteilen, Coleslaw darübergeben, obere Brötchenhälfte daraufsetzen und servieren.

Feigen
mit Ziegenfrischkäse

Zutaten für 2 Portionen

4 Feigen

4 EL Pistazienkerne

1 EL Ahornsirup oder Honig

100 g Ziegenfrischkäse

außerdem: 1 TL Kokosöl

Pro Portion: ca. 373 kcal, 12 g EW, 22 g F, 23 g KH
Zubereitung: ca. 15 Min.

1. Feigen waschen, trocken tupfen und Viertel einschneiden, dabei jedoch nicht ganz bis zum Boden durchschneiden.

2. Pistazienkerne grob hacken. Kokosöl in einer Pfanne erhitzen und Pistazienkerne darin ca. 2 Minuten anrösten. Mit Ahornsirup oder Honig beträufeln und weitere ca. 1–2 Minuten anrösten. Abkühlen lassen.

3. Je 2 Feigen auf 1 Teller anrichten und Ziegenfrischkäse jeweils als Klecks in die Mitte setzen. Pistazienkerne darübergeben und servieren.

Kichererbsen-Curry*

Zutaten für 4 Portionen

1 Dose Kichererbsen

1 Zwiebel

2 Knoblauchzehen

400 g Tomaten

250 ml Kokosmilch

außerdem: 1 EL Kokosöl, Salz, frisch gemahlener Pfeffer, 2–3 TL Curry, 1 ½ TL Garam Masala, 1 TL Kreuzkümmel, 1 Prise Cayennepfeffer, grob gehackter Koriander zum Garnieren

Pro Portion: ca. 373 kcal, 12 g EW, 22 g F, 23 g KH
Zubereitung: ca. 35 Min.

1. Kichererbsen in einem Sieb abtropfen lassen. Zwiebel und Knoblauch schälen und fein hacken. Tomaten waschen, halbieren, vom Stielansatz befreien und würfeln.

2. Öl in einer großen Pfanne erhitzen. Zwiebel und Knoblauch darin andünsten. Tomaten und Kokosmilch zufügen und einige Minuten köcheln lassen. Abgetropfte Kichererbsen zufügen und alles unter Rühren ca. 10 Minuten einköcheln lassen.

3. Mit Gewürzen abschmecken und weitere ca. 5 Minuten köcheln lassen. Kichererbsen-Curry mit gehacktem Koriander garnieren und servieren. Dazu passt Reis.

Kartoffelgratin

Zutaten für 4 Portionen

1 Knoblauchzehe

40 g Butter und etwas Butter für die Form

1 kg Kartoffeln

250 g Sahne

150 ml Milch

außerdem:
Salz, frisch gemahlener Pfeffer, etwas frisch geriebener Muskat, geriebener Käse nach Belieben

Pro Portion: ca. 264 kcal, 7 g EW, 18 g F, 16 g KH
Zubereitung: ca. 20 Min. + Backzeit ca. 45 Min.

1. Backofen auf 180 °C (Umluft: 160 °C) vorheizen. Knoblauch schälen und halbieren. Auflaufform mit Knoblauch ausreiben und einfetten.

2. Kartoffeln schälen und in gleichmäßige dünne Scheiben hobeln oder schneiden. Kartoffelscheiben dachziegelartig in die Form schichten und Schichten jeweils mit Salz, Pfeffer und Muskat würzen.

3. Sahne und Milch in einer Schüssel verrühren und seitlich in die Form gießen. Butter in Flöckchen auf den Kartoffelscheiben verteilen und nach Belieben etwas geriebenen Käse darübergeben. Gratin im vorgeheizten Backofen ca. 45 Minuten goldbraun backen und servieren.

Rote-Bete-Hummus*

auf Schwarzbrot

Zutaten für 4 Portionen

350 g Kichererbsen (aus der Dose)

100 g vorgegarte Rote Bete und 25 ml Rote-Bete-Saft

1 Knoblauchzehe

1–2 TL Tahin

Schwarzbrot zum Servieren

außerdem:
3 TL Zitronensaft, 2 TL Rosmarin, 1 TL Salz, 1 TL Kreuzkümmel

Pro Portion: ca. 371 kcal, 14 g EW, 6 g F, 55 g KH
Zubereitung: ca. 15 Min.

1. Kichererbsen in einem Sieb kalt abspülen und abtropfen lassen. Rote Bete in einen Standmixer geben. Knoblauch schälen, grob hacken und ebenfalls in den Mixer geben.

2. Kichererbsen, Tahin, Zitronensaft, Rosmarin, Salz und Kreuzkümmel zufügen und alles zu einer homogenen Masse pürieren. Bei Bedarf etwas Rote-Bete-Saft zugeben und nochmals pürieren. Rote-Bete-Hummus mit Schwarzbrot servieren.

Brote mit gewaschenen, trocken geschüttelten Raukeblättern und Sesam garnieren.

Kohlrabischnitzel

Zutaten für 2 Portionen

2 große Kohlrabi
(à ca. 250 g)

2 Eier

75 g Paniermehl

außerdem:
Salz, frisch gemahlener Pfeffer, edelsüßes Paprikapulver, 3 EL Öl

Pro Portion: ca. 395 kcal, 17 g EW, 19 g F, 36 g KH
Zubereitung: ca. 45 Min.

1. Kohlrabiblätter abscheiden, waschen, trocken tupfen und zum Garnieren beiseitestellen. Knollen waschen, putzen und in Scheiben schneiden. In einem Topf reichlich Salzwasser zum Kochen bringen und Kohlrabischeiben darin ca. 4 Minuten blanchieren. In Eiswasser geben und in einem Sieb abtropfen lassen.

2. Eier in einem tiefen Teller verschlagen und mit Salz, Pfeffer und Paprikapulver würzen. Paniermehl auf einen zweiten Teller geben. Kohlrabischeiben erst in der Eimasse, dann im Paniermehl wenden.

3. Öl in einer Pfanne auf mittlere Hitze erwärmen. Kohlrabischeiben darin portionsweise von jeder Seite ca. 4 Minuten goldbraun braten. Kohlrabischnitzel auf Tellern anrichten und mit Blattgrün garniert servieren. Dazu passt ein Knoblauch-Dip.

Gefüllte
Süßkartoffeln

Zutaten für 2 Portionen

2 große Süßkartoffeln

2 Handvoll Grünkohl

1–2 TL Frischkäse

50 g Feta

20–30 g Pinienkerne

außerdem:
Salz, frisch gemahlener Pfeffer, geriebener Parmesan nach Belieben

Pro Portion: ca. 531 kcal, 18 g EW, 21 g F, 67 g KH
Zubereitung: ca. 30 Min. + Backzeit ca. 1 Std. 15 Min.

1. Backofen auf 200 °C (Umluft: 180 °C) vorheizen. Süßkartoffeln waschen und trocken tupfen, halbieren und Schnittfläche leicht einritzen. Auf ein mit Backpapier belegtes Backblech legen und im vorgeheizten Ofen ca. 40–60 Minuten garen.

2. Grünkohl putzen, waschen, trocken schleudern und grob zerkleinern. Mit ausreichend Salzwasser in einen Topf geben und einige Minuten garen. In einer Schüssel mit Frischkäse vermischen und mit Salz und Pfeffer abschmecken.

3. Süßkartoffeln vorsichtig aushöhlen, Fruchtfleisch in eine Schüssel geben und mit einer Gabel zerdrücken. Mit der Grünkohlmasse vermischen. Feta zerbröckeln und untermischen. Ofentemperatur auf 100 °C (Umluft: 80 °C) verringern.

4. Ausgehöhlte Süßkartoffeln mit der Masse füllen und nach Belieben mit Parmesan bestreuen. Im vorgeheizten Ofen ca. 10–15 Minuten backen. Pinienkerne in einer Pfanne ohne Fett anrösten, darübergeben und Süßkartoffeln servieren.

Tofu, Tempeh und Co.

Vegane
Sushi-Sandwiches*

Zutaten für 8 Portionen

250 g Süßkartoffeln

1–2 Avocados

400 g Tofu

8 Nori-Blätter

600 g Sushireis (gegart)

außerdem:
2 EL Öl, Spinatblätter nach Belieben, Sriracha oder Tahin und etwas Tahin zum Servieren, schwarzer Sesam

Pro Portion: ca. 387 kcal, 14 g EW, 23 g F, 34 g KH
Zubereitung: ca. 35 Min.

1. Süßkartoffeln schälen und in Scheiben schneiden. In eine mit Wasser benetzte mikrowellengeeignete Form legen und mit Wasser befeuchten. Mikrowellengeeignete Frischhaltefolie darüberspannen und Löcher hineinstechen. Ca. 4–6 Minuten auf höchster Stufe in der Mikrowelle garen. Etwas abkühlen lassen.

2. Avocados halbieren und entkernen. Fruchtfleisch mit einem Löffel entnehmen und in Spalten schneiden. Tofu in Scheiben schneiden, Öl in einer Pfanne erhitzen und Tofu darin knusprig braten. Je ein Nori-Blatt auf ein Stück Frischhaltfolie legen. Etwas Reis darauf verteilen und nach Belieben gewaschenen, trocken geschleuderten Spinat, Süßkartoffeln, Tofu und Avodacos darauflegen. Restlichen Reis darübergeben und mit Sriracha oder Tahin würzen.

3. Nori-Blätter wie einen Briefumschlag zusammenklappen (mit Wasser befeuchten). In die Folie wickeln, halbieren, mit Sesam bestreuen und mit Tahin servieren.

Tempeh-Spieße*

mit Erdnussdip

Zutaten für 4 Portionen

400 g Tempeh

1 kleine rote Chilischote

40 g rohe, geschälte Erdnüsse

300 g Sojajoghurt

5 EL Erdnussmus

außerdem:
Holzspieße, Salz,
2 TL Zitronensaft,
5 EL Sesamöl, frisch
gemahlener Pfeffer

Pro Portion: ca. 500 kcal, 30 g EW, 33 g F, 17 g KH
Zubereitung: ca. 35 Min.

1. Tempeh in Würfel schneiden und auf Spieße stecken. Chilischote waschen, halbieren, entkernen und in feine Streifen schneiden. Erdnüsse fein hacken.

2. Sojajoghurt in eine Schüssel geben und mit Chilistreifen, Erdnüssen und Erdnussmus zu einem Dip verrühren. Mit Salz und Zitronensaft abschmecken.

3. Sesamöl in einer großen Pfanne erhitzen und Spieße darin von allen Seiten ca. 15 Minuten braten. Mit Salz und Pfeffer würzen. Tempeh-Spieße mit Erdnussdip servieren. Dazu passt Basmatireis.

Gemüsepfanne*

mit Hähnchenfleischersatz

Zutaten für 4 Portionen

100 g Erbsen
(TK-Produkt)

100 g Mais
(aus der Dose)

100 g feine Möhren
(TK-Produkt)

500 g Fleischersatz
Hähnchengeschmack

2 Bund Frühlings-
zwiebeln

außerdem:
4 EL Erdnussöl, 1 TL Speisestärke, 2 EL Sojasoße, 1 TL Chilisoße, Salz, frisch gemahlener Pfeffer, Basilikumblättchen zum Garnieren

Pro Portion: ca. 414 kcal, 25 g EW, 22 g F, 27 g KH
Zubereitung: ca. 25 Min.

1. Erbsen auftauen und Mais in einem Sieb abtropfen lassen. Fleischersatz in Würfel schneiden. Frühlingszwiebeln putzen, waschen und in dünne Röllchen schneiden.

2. Erdnussöl in einem Wok erhitzen und Fleischersatz darin unter Rühren ca. 2 Minuten braten. Herausnehmen und auf Küchenpapier abtropfen lassen. Gemüse in die Pfanne geben und unter Rühren ca. 2–3 Minuten braten.

3. Speisestärke in einer Schüssel mit 100 Milliliter Wasser glatt rühren und Soja- und Chilisoße unterrühren. Fleischersatz zum Gemüse in die Pfanne geben und Soße unterrühren. Ca. 1 Minute sprudelnd kochen lassen. Mit Salz und Pfeffer abschmecken und mit Basilikum garniert servieren.

Eifreies „Rührei“*

mit Tofu

Zutaten für 2 Portionen

200 g Räuchertofu

1 Handvoll Babyspinat

2 kleine Tomaten

1 Knoblauchzehe

außerdem:
Kurkuma, Kala Namak (indisches Schwarzsalz), 3–4 EL Kokosöl, frisch gemahlener Pfeffer

Pro Portion: ca. 354 kcal, 20 g EW, 28 g F, 5 g KH
Zubereitung: ca. 30 Min.

1. Vom Räuchertofu den braunen Rand abschneiden und Tofu klein würfeln oder zupfen. Tofu in einer Schüssel mit etwas Kurkuma und Kala Namak vermischen. Spinat waschen, trocken schleudern und fein schneiden. Tomaten waschen, vom Stielansatz befreien und würfeln. Knoblauch schälen und fein hacken.

2. Etwas Kokosöl in einer Pfanne erhitzen und Knoblauch darin andünsten. Tomaten zugeben und mitdünsten.

3. Gemüse an den Pfannenrand schieben, restliches Kokosöl zugeben, Tofu hineingeben und einige Minuten anbraten. Spinat zugeben und kurz mitbraten. Alles verrühren und mit Pfeffer abschmecken. Dazu passt Vollkornbrot.

Tofupfanne*
mit Paprika

Zutaten für 2 Portionen

350 g Tofu

2 Knoblauchzehen

1 Zwiebel

1 rote Paprikaschote

200 g Tomatensoße

außerdem:
4 EL Sojasoße, 1 EL süße Chilisoße, 6 EL Sesamöl , gehackte Kräuter (z. B. Schnittlauch) nach Belieben, Salz , frisch gemahlener Pfeffer

Pro Portion: ca. 616 kcal, 30 g EW, 50 g F, 23 g KH
Zubereitung: ca. 30 Min. + Ruhezeit ca. 20 Min.

1. Tofu in mundgerechte Stücke schneiden und in eine flache Schüssel geben. Knoblauch schälen und fein hacken. Knoblauch mit Soja- und Chilisoße vermischen und Tofu mindestens ca. 20 Minuten damit marinieren. Zwiebel schälen und in Streifen schneiden. Paprika putzen, waschen und in Streifen schneiden.

2. Öl in einem Wok erhitzen und Zwiebel darin braun braten. Herausnehmen und auf Küchenpapier abtropfen lassen. Tofu ins heiße Öl geben und von allen Seiten ca. 5 Minuten braten. Tofu herausnehmen und beiseitestellen.

3. Paprika im restlichen Öl ca. 2–3 Minuten braten. Tomatensoße zugeben und unterrühren. Zwiebel und Tofu wieder in den Wok geben, alles vorsichtig vermischen, nach Belieben gehackte Kräuter zugeben und alles kurz erwärmen. Mit Salz und Pfeffer abschmecken und servieren. Dazu passt Reis.

Hot Dogs*

mit veganen Würstchen

Zutaten für 4 Portionen

4 vegane Hot-Dog-Brötchen

4 vegane Bratwürstchen

2 große Zwiebeln

1–2 vegane Essiggurken

außerdem:
3–4 EL Öl, gehackte Kräuter (Petersilie, Schnittlauch), veganer Senf, veganer Ketchup und vegane Mayonnaise

Pro Portion: ca. 467 kcal, 17 g EW, 25 g F, 42 g KH

Zubereitung: ca. 20 Min.

1. Hot-Dog-Brötchen aufschneiden. Etwas Öl in einer Pfanne erhitzen und Würstchen darin anbraten.

2. Zwiebeln schälen, würfeln und kurz im restlichen Öl braten. Gurke in Scheiben oder Würfel schneiden.

3. Jeweils 1 Wurst in 1 Hot-Dog-Brötchen legen und Zwiebeln und Gurken daraufgeben. Gehackte Kräuter darübergeben, mit Senf, Ketchup und/oder Mayonnaise toppen und servieren.

Soba-Nudeln*
mit Tofu

Zutaten für 4 Portionen

320 g Soba-Nudeln

200 g Mungobohnensprossen

3 Frühlingszwiebeln

2 Knoblauchzehen

120 g Tofu

außerdem:
1 EL Sonnenblumenöl,
3 EL Sojasoße, Salz,
frisch gemahlener
Pfeffer, 1 Prise Zucker,
gehackte Erdnüsse
nach Belieben

Pro Portion: ca. 375 kcal, 16 g EW, 8 g F, 61 g KH
Zubereitung: ca. 35 Min.

1. Soba-Nudeln nach Packungsanweisung in einem Topf mit ausreichend Wasser bissfest kochen und in einem Sieb abtropfen lassen.

2. Sprossen putzen, waschen und abtropfen lassen. Frühlingszwiebeln putzen, waschen und in dünne Röllchen schneiden. Knoblauch schälen und fein hacken. Tofu in mundgerechte Stücke schneiden.

3. Öl in einem Wok erhitzen und Tofu und Knoblauch darin bei mittlerer Hitze anrösten. Temperatur reduzieren. Nudeln, Sprossen und Frühlingszwiebeln zugeben, unterrühren und kurz erhitzen. Mit Sojasoße, Salz, Pfeffer und Zucker abschmecken und nach Belieben mit gehackten Erdnüssen bestreut servieren.

Chili sin carne*

mit Sojageschnetzeltem

Zutaten für 2 Portionen

60 g Sojageschnetzeltes

225 g Kidneybohnen
(aus der Dose)

2 Zwiebeln

1 Knoblauchzehe

500 g passierte Tomaten

außerdem:
4 EL Öl, Salz, frisch gemahlener Pfeffer, Cayennepfeffer, Kreuzkümmel

Pro Portion: ca. 484 kcal, 30 g EW, 20 g F, 37 g KH
Zubereitung: ca. 30 Min.

1. 2 Esslöffel Öl in einer Pfanne erhitzen und Sojageschnetzeltes darin anbraten. Mit Salz, Pfeffer, Cayennepfeffer und Kreuzkümmel abschmecken und beiseitestellen.

2. Kidneybohnen in ein Sieb geben, mit kaltem Wasser abspülen und abtropfen lassen. Zwiebeln und Knoblauch schälen und fein hacken.

3. Restliches Öl in einem hohen Topf erhitzen und Zwiebeln und Knoblauch darin andünsten. Kidneybohnen und passierte Tomaten zufügen und alles erhitzen. Sojageschnetzeltes untermischen, Chili nochmals mit Salz, Pfeffer, Cayennepfeffer und Kreuzkümmel abschmecken und servieren.

Indonesischer Tofu
im Backteig

Zutaten für 4 Portionen

400 g fester Tofu

100 g Mehl

1 EL Reismehl

1 Ei

200 ml Kokosmilch

außerdem:
1 TL Salz, 1 TL Zucker, ½ TL frisch gemahlener Pfeffer, Pflanzenöl zum Frittieren

Pro Portion: ca. 565 kcal, 19 g EW, 44 g F, 26 g KH
Zubereitung: ca. 20 Min.

1. Tofu in mundgerechte Würfel schneiden. Mehl in eine Schüssel geben und mit Reismehl, Ei, Kokosmilch und Gewürzen zu einem glatten Teig verrühren.

2. Öl in einem Wok erhitzen. Tofuwürfel in den Backteig tauchen und portionsweise im heißen Öl goldbraun und knusprig frittieren.

3. Tofu mit einem Schaumlöffel herausnehmen und auf Küchenpapier abtropfen lassen. Dazu schmeckt Reis und süßsaure Soße oder Chilisoße.

Kering Tempeh*

Zutaten für 4 Portionen

400 g Tempeh

1 Knoblauchzehe

3 kleine rote Peperoni

2 TL Röstzwiebeln

außerdem:
Öl zum Braten und Frittieren,
1 Lorbeerblatt, ¼ TL Galgant
1 TL Palmzucker, ½ TL Tamarindenpaste, Salz

Pro Portion: ca. 232 kcal, 19 g EW, 14 g F, 3 g KH
Zubereitung: ca. 35 Min.

1. Tempeh in kleine, lange Streifen schneiden. Reichlich Öl in einer Pfanne erhitzen und Tempehstreifen darin hellbraun frittieren. Herausnehmen und auf Küchenpapier abtropfen lassen.

2. Knoblauch schälen und fein hacken. Peperoni waschen, halbieren, entkernen und klein schneiden. 3 Esslöffel Öl in einer Pfanne erhitzen und Knoblauch und Peperoni darin anrösten. 150 Milliliter Wasser, Röstzwiebeln, Lorbeerblatt und Gewürze zugeben und alles gut verrühren.

3. Frittierte Tempehstreifen unterrühren und so lange köcheln, bis die Flüssigkeit verdampft ist. Dazu passt Kurkumareis.

Tofu-Aufstrich

Zutaten für 4 Portionen

1 Zwiebel

300 g Tofu

100 g Feta

175 g Kräuterfrischkäse

gehackte Sonnenblumenkerne

außerdem:
3 EL Olivenöl, Salz, frisch gemahlener Pfeffer, etwas frisch geriebener Muskat, Knoblauchpulver

Pro Portion: ca. 371 kcal, 22 g EW, 30 g F, 4 g KH
Zubereitung: ca. 20 Min.

1. Zwiebel schälen und klein schneiden. 1 Esslöffel Öl in einer Pfanne erhitzen und Zwiebel darin kurz andünsten.

2. Tofu und Feta in kleine Würfel schneiden und in eine Schüssel geben. Mit Frischkäse vermischen. Sonnenblumenkerne und restliches Öl zugeben und mit den Gewürzen abschmecken.

3. Mit dem Stabmixer pürieren und Zwiebel unterrühren. Zu Reiswaffeln oder Knäckebrot servieren.

Sommerrollen*

mit Räuchertofu und Gemüse

Zutaten für 4 Portionen

400 g Räuchertofu

1–2 Möhren

1 Salatgurke

1 Bund Koriander

1 Pck. Reispapier

außerdem:
Sojasoße zum Marinieren und etwas Sojasoße zum Servieren, 2 EL Öl

Pro Portion: ca. 481 kcal, 20 g EW, 15 g F, 67 g KH
Zubereitung: ca. 25 Min. + Ruhezeit ca. 1 Std.

1. Tofu zwischen zwei Lagen Küchenpapier ausdrücken und in Würfel oder Streifen schneiden. In eine Schüssel geben, mit etwas Sojasoße vermischen und ca. 1 Stunde marinieren.

2. Möhren und Gurke schälen und in feine Stifte bzw. Streifen schneiden. Koriander waschen, trocken schütteln und klein schneiden. Tofu aus der Marinade nehmen. Öl in einer Pfanne erhitzen, Tofu darin knusprig braten und etwas abkühlen lassen.

3. Reispapier in einer flachen Schale mit lauwarmem Wasser einweichen und 1 Blatt auf einen Teller legen. Etwas Tofu darauflegen und mit Möhren- und Gurkenstreifen sowie Koriander belegen.

4. Reispapier an den Seiten einschlagen, unteren Teil über die Füllung klappen und Reispapier aufrollen. Mit den restlichen Zutaten ebenso verfahren. Sommerrollen auf Tellern anrichten und mit Sojasoße servieren.

Asiatischer Tofu*

mit Kimchi

Zutaten für 2 Portionen

250 g fester Tofu

1 rote Chilischote

1 Knoblauchzehe

150 g veganes Kimchi
(aus dem Glas)

außerdem:
3 EL Öl, 1 TL rosenscharfes Paprikapulver,
2 EL Tomatenmark, 6 EL Sojasoße,
Sesam nach Belieben

Pro Portion: ca. 351 kcal, 24 g EW, 28 g F, 12 g KH
Zubereitung: ca. 25 Min. + Ruhezeit ca. 30 Min.

1. Tofu in mundgerechte Stücke schneiden. Chilischote waschen, halbieren, entkernen und fein hacken. Knoblauch schälen und ebenfalls fein hacken.

2. 2 Esslöffel Öl in einem Wok erhitzen und Knoblauch und Chili darin anbraten. Paprikapulver, Tomatenmark und 5 Esslöffel Sojasoße zugeben. Vom Herd nehmen, Tofu mit der Marinade vermischen und ca. 30 Minuten darin ziehen lassen.

3. Tofu mit der Marinade im Wok erhitzen und von allen Seiten goldbraun braten. Kimchi in einem Sieb abtropfen lassen, bei Bedarf zerkleinern und in einer Pfanne mit dem restlichen Öl kurz anbraten. Restliche Sojasoße und nach Belieben etwas Sesam unterrühren. Tofu mit Kimchi auf Tellern anrichten und servieren. Dazu passt Reis.

Desserts und süßes Gebäck

Pancakes*

mit Kokossahne und Blaubeeren

Zutaten für 2 Portionen

1 Dose Kokosmilch

1 TL Agavendicksaft

2 Bananen

2 Tassen Dinkelmehl

2 Tassen Hafermilch

außerdem:
1 EL neutrales Öl, Blaubeeren und Chiasamen zum Garnieren

Pro Portion: ca. 816 kcal, 13 g EW, 45 g F, 84 g KH
Zubereitung: ca. 25 Min.

1. Für die Kokossahne Kokosmilch über Nacht in den Kühlschrank stellen. Wässrigen Teil abgießen. Kokoscreme in eine gut gekühlte Rührschüssel geben und mit dem Handrührgerät auf höchster Stufe ca. 1 Minute cremig rühren. Agavendicksaft zufügen und weitere ca. 2 Minuten rühren.

2. Für die Pancakes Bananen gut mit einer Gabel zerdrücken und in eine Schüssel geben. Dinkelmehl und Hafermilch zufügen und alles zu einem homogenen Teig verrühren.

3. Öl in einer Pfanne erhitzen. Pancakes darin portionsweise von jeder Seite ca. 2 Minuten goldbraun braten.

4. Blaubeeren verlesen, waschen und trocken tupfen. Pancakes mit Kokossahne sowie mit Blaubeeren und Chiasamen garniert servieren.

Schokomousse*

mit Seidentofu und Datteln

Zutaten für 4 Portionen

100 g vegane Zartbitterschokolade und etwas fein gehackte Schokolade zum Garnieren

400 g Seidentofu

12 entsteinte Datteln

außerdem:
Erdbeeren und Minze zum Garnieren

Pro Portion: ca. 290 kcal, 9 g EW, 14 g F, 30 g KH
Zubereitung: ca. 30 Min. + Kühlzeit ca. 30 Min.

1. Schokolade in kleine Stücke brechen und über einem Wasserbad schmelzen. Etwas abkühlen lassen.

2. Seidentofu in Stücke schneiden, mit Datteln in einen Mixer geben und cremig pürieren. Geschmolzene Schokolade zufügen und nochmals kurz pürieren. Schokomousse in Schälchen oder Gläser füllen und mindestens 30 Minuten kalt stellen.

3. Erdbeeren waschen, putzen und trocken tupfen. Minze waschen, trocken schütteln und Blättchen abzupfen. Schokomousse mit gehackter Schokolade, Erdbeeren und Minze garniert servieren.

Statt Datteln können Sie auch Dattelpaste oder Ahornsirup verwenden.

Matcha-Chia-Pudding*

Zutaten für 2 Portionen

250 ml Pflanzenmilch (z. B. Mandel-, Soja- oder Hafermilch)

1 TL gemahlene Vanille

1 TL Matchapulver

4 EL Chiasamen

Agavendicksaft nach Geschmack

außerdem:
Beeren, Banane und Minze zum Garnieren

Pro Portion: ca. 270 kcal, 9 g EW, 8 g F, 33 g KH
Zubereitung: ca. 15 Min. + Kühlzeit ca. 2 Std.

1. Pflanzenmilch in ein hohes Gefäß geben und mit dem Handrührgerät mit gemahlener Vanille und Matchapulver verrühren. Mit Chiasamen vermischen und nach Geschmack mit Agavendicksaft süßen.

2. Pudding in Gläser füllen und mindestens ca. 2 Stunden im Kühlschrank quellen lassen.

3. Beeren waschen und trocken tupfen. Banane schälen und in Scheiben schneiden. Minze waschen, trocken schütteln und Blättchen abzupfen. Pudding aus dem Kühlschrank nehmen und mit Beeren, Banane und Minze garniert servieren.

Vegane

Blaubeer-Pannacotta*

Zutaten für 2 Portionen

400 ml Kokosmilch

1–2 TL Agavendicksaft

½ Vanilleschote

1 ½–2 TL Agar-Agar

150 g Blaubeeren

Pro Portion: ca. 421 kcal, 4 g EW, 37 g F, 18 g KH
Zubereitung: ca. 30 Min. + Kühlzeit ca. 4 Std. 15 Min.

1. Kokosmilch mit Agavendicksaft, Vanilleschote und herausgekratzem Mark in einen Topf geben. Unter Rühren zum Kochen bringen. 1 gehäuften Teelöffel Agar-Agar unterrühren und alles ca. 2 Minuten aufkochen. Vanilleschote entfernen. Zwei Drittel der Pannacotta in zwei Gläser füllen und ca. 10 Minuten ins Gefrierfach stellen.

2. Blaubeeren verlesen, waschen, trocken tupfen und einige Beeren zum Garnieren beiseitestellen. Restliche Beeren mit 4 Esslöffeln Wasser ca. 4 Minuten unter Rühren kochen. Übriges Agar-Agar unterrühren und ca. 2 Minuten kochen. Gläser aus dem Gefrierfach nehmen und Blaubeerschicht daraufsetzen. Gläser nochmals ca. 5 Minuten ins Gefrierfach stellen. Herausnehmen und restliche Pannacotta darübergeben.

3. Blaubeer-Pannacotta ca. 4 Stunden im Kühlschrank kalt stellen und fest werden lassen, herausnehmen und mit beiseitegestellten Blaubeeren garniert servieren.

Brombeer-Nicecream*

Zutaten für 4 Portionen

4 sehr reife Bananen

200 g Brombeeren

Pro Portion: ca. 160 kcal, 2 g EW, 1 g F, 33 g KH
Zubereitung: ca. 15 Min. + Kühlzeit ca. 12 Std.

1. Bananen schälen und in Scheiben schneiden. Scheiben in einen Gefrierbeutel geben und ca. 12 Stunden ins Gefrierfach stellen.

2. Brombeeren verlesen, waschen und trocken tupfen. Mit gefrorenen Bananenscheiben in einen Standmixer geben und alles cremig mixen. Brombeer-Nicecream in Gläsern anrichten und servieren.

— Für Schokofans: Statt Brombeeren geben Sie 3–4 Esslöffel Kakaopulver zu den gefrorenen Bananen.

Açaí-Bowl*

Zutaten für 2 Portionen

1 Banane

400 g Mandelmilch und etwas Milch zum Garnieren

2 EL Açaí-Pulver

1 Kiwi

1 Handvoll Blaubeeren

außerdem: Kokosraspel und Kürbiskerne zum Garnieren

Pro Portion: ca. 308 kcal, 7 g EW, 14 g F, 34 g KH
Zubereitung: ca. 20 Min. + Kühlzeit ca. 12 Std.

1. Banane schälen, in Scheiben schneiden und in einen Gefrierbeutel geben. Ca. 12 Stunden ins Gefrierfach legen.

2. Mandelmilch in einen Standmixer geben und mit gefrorener Banane und Açaí-Pulver cremig mixen. Kiwi schälen und in Scheiben bzw. Stücke schneiden. Blaubeeren verlesen, waschen und trocken tupfen.

3. Açaí-Creme in zwei Schälchen füllen, mit Kiwi, Blaubeeren, Kokosraspeln, Mandelmilch und Kürbiskernen toppen und servieren.

Möhren-Halwa

Zutaten für 6 Portionen

1 kg Möhren

1 l Milch

1 Tasse Zucker

100 g fein gehackte Walnüsse

außerdem:
grob gehackte Nüsse und Mandeln zum Garnieren, Kardamom

Pro Portion: ca. 435 kcal, 11 g EW, 29 g F, 51 g KH
Zubereitung: ca. 25 Min.

1. Möhren putzen, schälen und fein reiben. Milch in einen großen Topf geben und zum Kochen bringen. Möhren zufügen und Hitze verringern. Alles köcheln lassen, bis die Milch eingekocht ist. Dabei ab und zu umrühren.

2. Zucker unter die Möhrenmasse rühren und weiterköcheln. Gehackte Walnüsse zufügen, unterrühren und kurz weiterköcheln.

3. Halwa auf Tellern anrichten und mit Nüssen und Mandeln garnieren. Mit Kardamom bestreut servieren.

Erdbeer-Götterspeise*

Zutaten für 4 Portionen

450 g Erdbeeren

1 l Erdbeersaft

10 g Agar-Agar

180 g Zucker

Pro Portion: ca. 369 kcal, 2 g EW, 1 g F, 84 g KH
Zubereitung: ca. 20 Min. + Kühlzeit ca. 3 Std.

1. Vier Puddingförmchen (à ca. 11 cm Durchmesser) mit Frischhaltefolie auslegen. Erdbeeren waschen, putzen und trocken tupfen. Größere Früchte halbieren oder vierteln.

2. Erdbeersaft in einen Topf geben und zum Kochen bringen. Agar-Agar mit Zucker vermischen und unterrühren. Vom Herd nehmen und leicht abkühlen lassen.

3. 350 Gramm Erdbeeren in die Puddingförmchen füllen und mit der Flüssigkeit übergießen. Abdecken und ca. 3 Stunden im Kühlschrank kalt stellen und fest werden lassen. Götterspeise stürzen und mit restlichen Erdbeeren garniert servieren.

Zitronen-Tarte

Zutaten für 1 Tarte

150 g Mehl und etwas Mehl für die Arbeitsfläche

150 g Butter und etwas Butter für die Form

140 g Zucker

3 große Eier

Saft und abgeriebene Schale von 3 unbehandelten Zitronen

außerdem:
1 Prise Salz, getrocknete Hülsenfrüchte zum Blindbacken

Pro Tarte: ca. 2563 kcal, 40 g EW, 148 g F, 263 g KH

Zubereitung: ca. 30 Min. + Kühlzeit ca. 2 Std. 30 Min. + Backzeit ca. 30 Min.

1. Gesiebtes Mehl in einer Schüssel mit Salz mischen. 75 Gramm Butter in Würfeln zufügen und Teig zu Streuseln verarbeiten. 4 Esslöffel kaltes Wasser zugeben und alles rasch zu einem glatten Teig verkneten. Zu einer Kugel formen und zugedeckt ca. 30 Minuten kalt stellen. Backofen auf 190 °C (Umluft: 170 °C) vorheizen.

2. Teig auf einer bemehlten Arbeitsfläche ca. 3 Millimeter dick ausrollen und eine gefettete Tarteform (25–26 cm Durchmesser) damit auskleiden. Mit Backpapier und Hülsenfrüchten bedecken und im vorgeheizten Ofen auf unterster Schiene ca. 15 Minuten vorbacken. Hülsenfrüchte und Backpapier entfernen und Teigboden weitere ca. 10–15 Minuten goldgelb backen.

3. Zucker und Eier in einem Topf mit dem Handrührgerät verschlagen und mit Zitronensaft und -abrieb verrühren. Restliche Butter in Würfeln zufügen. Erwärmen und unter Rühren ca. 1–2 Minuten köcheln lassen. Creme auf dem Teigboden verstreichen. Mindestens 2 Stunden auskühlen lassen und Tarte servieren.

Birnen-Tarte-Tatin

Zutaten für 6 Portionen

3 kleine Birnen

Zitronensaft zum Beträufeln

150 g Zucker

3 EL Butter

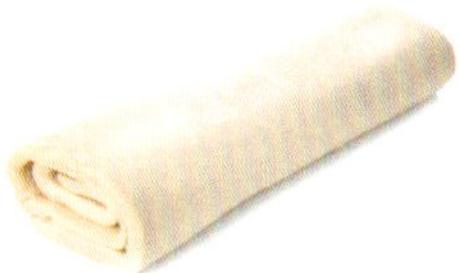

1 Pck. Blätterteig (aus dem Kühlregal)

Pro Portion: ca. 373 kcal, 3 g EW, 19 g F, 48 g KH

Zubereitung: ca. 30 Min. + Backzeit ca. 30 Min. + Ruhezeit ca. 10 Min.

1. Backofen auf 200 °C (Umluft: 180 °C) vorheizen. Birnen schälen, vierteln und entkernen. In einer Schüssel mit Zitronensaft beträufeln und mit 50 Gramm Zucker mischen. Restlichen Zucker in eine kleine ofenfeste Pfanne geben und bei mittlerer Hitze unter Rühren karamellisieren lassen. Ist der Zucker flüssig, Birnen mit der runden Seite nach unten sternförmig in die Pfanne setzen. Butter in Flöckchen darauf verteilen und alles ca. 5 Minuten dünsten.

2. Blätterteig kreisförmig etwas größer als die Pfanne ausschneiden. Auf die Birnen legen und Teigrand mit einer Gabel nach unten drücken. In der Teigmitte ein kleines Kreuz einschneiden. Im vorgeheizten Backofen ca. 30 Minuten backen.

3. Ca. 5–10 Minuten ruhen lassen. Teig vorsichtig vom Pfannenrand lösen und Tarte mit Schwung auf einen Servierteller stürzen (Vorsicht: Der Karamell ist noch flüssig und sehr heiß!). Tarte noch warm servieren. Dazu passt Vanilleeis.

Tahin-Amaranth-Riegel*

Zutaten für ca. 12 Stück

240 g vegane Zartbitterschokolade

240 g Tahin

160 g gepuffter Amaranth

2 TL grobes Meersalz

außerdem:
getrocknete Früchte (z. B. Cranberrys) nach Belieben

Pro Stück: ca. 288 kcal, 7 g EW, 19 g F, 20 g KH
Zubereitung: ca. 30 Min.

1. Schokolade in kleine Stücke brechen und über einem Wasserbad schmelzen. Nach und nach Tahin zugeben und unterrühren. Amaranth ebenfalls unterrühren. Nach Belieben getrocknete Früchte unterheben. Topf vom Herd nehmen.

2. Backform oder Auflaufform (ca. 22 x 22 cm) mit Backpapier auslegen. Amaranthmischung in der Form verteilen und leicht andrücken. Meersalz darüberstreuen. Bei Zimmertemperatur auskühlen lassen.

3. Ist die Masse ausreichend fest, mit einem scharfen Messer in Riegel schneiden und diese bis zum Verzehr im Kühlschrank lagern.

Brownies*

mit Nüssen und Mandeln

Zutaten für ca. 12 Stück

2 ½ Tassen entsteinte Datteln

1 ½ Tassen gemahlene Haselnüsse und einige gehackte Haselnüsse zum Bestreuen

1 Tasse veganes Kakaopulver

1 Tasse gehackte Mandeln

Pro Stück: ca. 291 kcal, 6 g EW, 16 g F, 28 g KH

Zubereitung: ca. 20 Min. + Kühlzeit ca. 1 Std.

1. Datteln in etwas Wasser einweichen. Überschüssiges Wasser abgießen, Datteln in einen Standmixer geben und fein pürieren.

2. Gemahlene Haselnüsse und Kakaopulver in einer Schüssel mit der Dattelmasse verrühren und gehackte Mandeln unterkneten. Eine rechteckige Auflaufform mit Backpapier auslegen und Masse hineinfüllen. Mit gehackten Haselnüssen bestreuen.

3. Form mindestens 1 Stunde kalt stellen, feste Masse mit einem scharfen Messer in Stücke schneiden und servieren.

Bananen-Haferflocken-Kekse*

Zutaten für ca. 15 Stück

4 EL getrocknete Kirschen

2 reife Bananen

150 g Haferflocken

Pro Stück: ca. 68 kcal, 2 g EW, 1 g F, 13 g KH
Zubereitung: ca. 15 Min. + Backzeit ca. 20 Min.

1. Backofen auf 180 °C (Umluft: 160 °C) vorheizen. Backblech mit Backpapier auslegen. Getrocknete Kirschen fein hacken. Bananen schälen und mit einer Gabel zerdrücken. Kirschen, Bananen und Haferflocken in einer Schüssel gut vermischen.

2. Mit einem Löffel kleine Kleckse mit ausreichend Abstand auf das Backpapier setzen und etwas flach drücken. Im vorgeheizten Backofen ca. 15–20 Minuten backen.

In einer luftdicht verschlossenen Dose bleiben die Bananen-Haferflocken-Kekse ca. eine Woche lang frisch. Die einzelnen Schichten mit Pergamentpapier trennen.

Veganer
Apfel-Crumble*

Zutaten für 1 Form

2–3 Äpfel
(z. B. Boskop)

120 g vegane Margarine und etwas vegane Margarine für die Form

150 g Mehl

100 g Zucker

außerdem:
gehackte Nüsse und Rosinen nach Belieben,
1 Prise Salz, etwas Zimt und gemahlene Vanille nach Belieben

Pro Form: ca. 2217 kcal, 19 g EW, 109 g F, 283 g KH
Zubereitung: ca. 15 Min. + Backzeit ca. 40 Min.

1. Äpfel waschen, halbieren, Kerngehäuse entfernen und in Würfel schneiden. Backform einfetten. Backofen auf 170 °C (Umluft: 150 °C) vorheizen.

2. Äpfel in die Backform schichten. Nach Belieben Nüsse und/oder Rosinen darübergeben.

3. Margarine, Mehl, Zucker und Salz in eine Schüssel geben und zu Streuseln verarbeiten. Streusel über den Äpfeln verteilen.

4. Apfel-Crumble im vorgeheizten Backofen ca. 30–40 Minuten backen und noch warm servieren.

Register

Die mit Sternchen* gekennzeichneten Rezeptüberschriften verweisen auf vegane Rezepte.

Bildnachweis

Rezeptbilder/Shutterstock: 3 Nataliya Arzamasova, 7 Tatyana Blinova, 9 Pixel-Shot, 13 Viktor Kochetkov, 21 zi3000, 23 Sentelia, 25 Foxys Forest Manufacture, 27 Jack Jelly, 29 Ekaterina Kondratova, 31 A_Lein, 33 ziashusha, 35 Anna Kurzaeva, 37 Oksana Mizina, 39 Elena Zajchikova, 43 Pixel-Shot, 45 minadezhda, 47 Elena Elizarova, 49 Lunov Mykola, 51 oykuozgu, 53 stockcreations, 55 Nataliya Arzamasova, 57 Tatiana Vorona, 59 Sunny Forest, 61 MariaKovaleva, 63 Jan Wischnewski, 65 Kiian Oksana, 67 NoirChocolate, 69 Nataliia Leontieva, 73 margouillat photo, 75 zi3000, 77 Brent Hofacker, 79 Cesarz, 81 Amallia Eka, 83 Brent Hofacker, 85 gagayear, 87 Brent Hofacker, 89 Foxxy63, 91 NADKI, 93 Irina Zavyalova, 95 Katarzyna Hurova, 97 Elena Trukhina, 99 Magdanatka, 103 Nina Firsova, 105 Amallia Eka, 107 Bartosz Luczak, 109 Magdalena Paluchowska, 111 Amallia Eka, 113 Brent Hofacker, 115 Brent Hofacker, 117 s_karau, 119 Aris Setya, 121 Amallia Eka, 123 NoirChocolate, 125 Asya Nurullina, 127 coasehsieh, 131 vanillaechoes, 133 anshu18, 135 bonchan, 137 Letterberry, 139 aliasemma, 141 Oksana Mizina, 143 Indian Food Images, 145 zi3000, 147 LongJon, 149 thefoodphotographer, 151 Dar1930, 153 Naian, 155 Alena_kos, 157 Anna_Pustynnikova; Coverabbildungen: oben 2. von links zi3000, restliche Abbildungen siehe Innenteil

Zutatenbilder/Shutterstock: 12photography, Africa Studio, Aleksey Patsyuk, Alex Staroseltsev, Alex Streinu, Alliance Images, Alter-ego, amphaiwan, Andre Bonn, Andrey Starostin, Andrii Horulko, Angel Simon, anitasstudio, Anna Kucherova, Anton Starikov, ArTDi101, Artem Kutsenko, baibaz, bergamont, bigacis, Billion Photos, Binh Thanh Bui, bonchan, Charlotte Lake, Chursina Viktoriia, Davydenko Yuliia, Diana Taliun, difenbahia, Dionisvera, Egor Rodynchenko, Eivaisla, Elena Elisseeva, Elovich, Ermak Oksana, Evgeny Karandaev, fotoearl, geniuscook_com, George3973, GETSARAPORN, Gita Kulinitch Studio, gresei, guy42, Hong Vo, indigolotos, inewsfoto, Ivaschenko Roman, JIANG HONGYAN, Jiri Hera, jocic, Kaiskynet Studio, Karuka, Khumthong, Kongsak, Kovaleva_Ka, Krzysztof Slusarczyk, lantapix, Ledo, M. Unal Ozmen, Madlen, mahirart, Maks Narodenko, MaraZe, margouillat photo, milart, Moving Moment, Mr. SUTTIPON YAKHAM, MRS. SUCHARUT CHOUNYOO, MRS.Siwaporn, mtphoto19, Nataliya Schmidt, Nattika, New Africa, NewFabrika, Nik Merkulov, NIPAPORN PANYACHAROEN, nito, oksana2010, Olyina V, oriori, Oxie99, P Maxwell Photography, Pan Stock, Peter Zijlstra, photopixel, picturepartners, Pixel-Shot, PixMarket, Preto Perola, r.classen, Rishiken, sasimoto, Satit Pecharut, Sergiy Kuzmin, showcake, Silvy78, Smit, Snowbelle, Spalnic, Stolyevych Yuliya, Tanya Sid, Thasneem, Tim UR, Timmary, TONG4130, topseller, Valentyn Volkov, Valery121283, vandycan, Viktar Malyshchyts, virtu studio, vitals, Volosina, Y Photo Studio, Yasonya, Yeti studio, zkruger

Impressum

Alle Informationen in diesem Buch wurden mit größter Sorgfalt erarbeitet und geprüft. Weder Herausgeber, Autor noch Verlag können jedoch für Schäden haftbar gemacht werden, die in Zusammenhang mit der Verwendung dieses Buches stehen.

Genehmigte Sonderausgabe

ISBN 978-3-7359-2081-2

Komplettproducing: twinbooks, München
Text und Lektorat: Jana Lösch, Melanie Goldmann für twinbooks, München